KB216076

아우구스티누스와
쉼의 인문학

〈 에덴낙원 〉 이야기를 중심으로

아우구스티누스와 쉼의 인문학

Copyright ⓒ 새세대 2017

초판발행   2017년 9월 25일
지은이   문시영

펴낸곳   도서출판 새세대
홈페이지   newgen.or.kr
이메일   churchgrowth@hanmail.net
출판등록   2009년 12월 18일 제20009-000055호
주소   경기도 성남시 분당구 정자동 210-1
전화   031)761-0338 팩스 031)761-1340

이 출판물은 저작권법에 의해 보호를 받는 저작물이므로 무단 전재와 무단 복제를
할 수 없습니다.
잘못된 책은 구입처에서 교환해 드립니다.

ISBN 979-11-88604-00-5 (03230)
책값은 뒤표지에 있습니다.

Humanities of Rest

아우구스티누스와 쉼의 인문학

〈 에덴낙원 〉 이야기를 중심으로

문시영 지음

도서
출판 **새세대**

돌아갈 본향을 마음으로 그리며
순례자의 삶을 묵상하는 곳

에덴가든

"좋은 안식이 좋은 그리스도인을 만든다(Good Sabbaths make good Christians)"는 말이 있습니다. 과거 미국의 청교도들이 표방하던 신념이었다고 합니다. 우리는 종종 좋은 그리스도인 됨을 많은 종교적 활동이나 업적을 쌓는 걸로 착각하곤 합니다. 기도회나 성경공부에 자주 참석하고, 교회 봉사도 많이 해야만 더욱 영적인 사람이 되는 줄로 생각하는 버릇이 있지요. 하지만 분주하고 복잡한 세상의 리듬으로부터 벗어나, 우리가 무언가 열심히 해야만 모든 게 잘 되리라는 고정관념으로부터 자유롭게 되는 것이 사실은 신앙 성장의 열쇠임을 우리는 곧잘 잊곤 합니다.

어느 목사님 설교에서 들었던 예화입니다. 예루살렘에 방문했을 때, 마침 안식일이었고, 호기심에 유대인 지역을 방문했다고 합니다. 마침 어느 유대인이 손짓하면서 영어로 부탁을 하더랍니다. '집에 전기가 잠시 나갔었는데, 당신이 전원 스위치를 좀 올려 주면 좋겠다'는 것이었습니다. 안식일이라서, 노동을 하면 안 된다는 것이 이유였다고 합니다. 전원 스위치 올리는 것조차 노동이라고 생각한다는 뜻이었습니다. 예화의 진위를 확인할 길은 없지만, 개연성은 충분해 보입니다. 유대인들이라면 불가능한 이야기도 아닐 것 같습니다.

교직원들을 인솔하여 성지순례를 다녀왔던 기억에도 비슷한 이야기가 있습니다. 우리를 안내하던 가이드가 버스 안에서 해 준 말입니다. 어떤 외국인이 유대인에게 질문했다고 합니다. 왜 유대인들은 안식일을 이렇게까지 심하게 지켜야 하는 것이냐고 말이죠. 유대인이 이렇게 대답했답니다. '오늘은 안식일이라, 아무 정보도 줄 수 없다.' 유대인에 대한 이야기를 해 주는 것조차 지적 노동에 해당한다고 생각했던 것 같네요. 안식일이라서 노동하면 안 되는 것이었던 셈이지요.

직접 경험한 것도 있습니다. 예루살렘에서 12층쯤 되는 숙소에 머물렀던 것 같습니다. 안식일이 시작되는 금요일 저녁 6시경에, 수많은 유대인 가족들이 호텔 식당에 모여 식사를 하는 모습에 호기심이 남아 있었던 때였습니다. 정말, 놀랍게도 안식일의 장면이 펼쳐진 것은 그 다음날 아침이었습니다. 11층에서 엘리베이터를 기다렸습니다. 하염없이 오래 걸려서 오더군요. 놀랍게도 각 층마다 멈추었다가 문이 열리고 닫히더군요. 자동으로 말입니다. 알고 보니, 엘리베이터에 특이하게도 빨간 버튼이 있었고, '사바스 컨트롤'(Sabbath Control)이라고 표기되어 있더군요. 안식일이 시작되는 시점에 작동시켜 놓으면 안식일에 자동으로 각층마다 멈추어서 문이 열리고 닫히게 하는 장치였습니다.

쉼에 관한 한, 유대인들을 능가할 수 없을 것 같습니다. 단지 '쉼'이 아니라, '안식일'을 지키고 있지요. 유대인들이 안식일을 지킨 것이 아니라, 안식일이 유대인들을 지켜 주었다는 말이 있을 정도입니다. 십계명을 받은 백성으로서, 시간까지도 거룩하게 하는 노력이라 하겠습니다. 본받을 요소도 있지요. 문제는, 그들의 율법주의적인 행태가 과연 쉼을 추구하는 것일지 안타까운 마음이 든다는 점입니다.

쉼이란 무엇일까요? 제도와 규정만으로 충족될 수 있는 것일까요? 쉼에 관한 신학까지 가진 유대인들의 모습에서 쉼 혹은 안식보다는 답답함이 느껴지는 것은 무슨 이유일까요? 깊이 생각해 보아야 할 문제일 듯싶네요. 쉼에 관하여, 특별히 안식에 관하여 말입니다.

본래 성경이 요구하는 안식은 단지 쉬는 것뿐 아니라 멈추고 손을 놓는 것까지 포함합니다. 숨 가쁘게 살아가는 현대인들에게 일을, 혹은 생각을 멈춘다는 것은 여간 불안하고 위험한 모험이 아닐 수 없습니다. 하지만 역설적으로 이는 더 깊은 신앙의 표현입니다. 유대교에서 기독교로 개종한 로렌 위너가 말했듯이, "세상사에 간

섭하지 않을 때 우리는 이곳이 하나님의 세상임을 인정"할 수 있기 때문입니다. 많은 과제를 앞두고 안식을 누리는 것은 나의 계산과 역량보다 하나님의 은총이 인생과 세상을 주관하심을 믿기 때문입니다.

과연 우리는 언제 신체적으로, 그리고 정신적으로도 진실로 충분하게 안식해 본 경험이 있을까요? 솔직히, 그 어느 때보다 불확실성이 높아지고 무한 경쟁으로 살아가는 시대를 사는 우리가 온전한 의미에서 안식을 찾기란 쉽지 않을 것입니다. 약간 과하게 말하자면, 아마도 죽어서야 비로소 쉴 수 있을 겁니다. 사람들이 으레 죽은 이에게 '이제 편히 쉬십시오!'라고 덕담을 건네는 이유도 그래서가 아닐까요? 이 사실은 다소 허무하게 느껴질 수 있지만, 어떤 의미에서 우리에게 매우 깊은 울림의 진리를 알려 줍니다. 그것은 그리스도인에게 죽음이 영원한, 진정한 안식이기 때문입니다. 그리스도인에게 죽음은 비로소 하나님 앞에서 평생의 모든 짐을 내려놓는 안식의 자리입니다. 따라서 그리스도인이 죽음을 기억하는 이유는 부활의 소망 때문이기도 하지만, 영원한 안식을 사모하고 미리 맛볼 수 있기 때문입니다.

본서는 현대인을 위한 안식의 신학적 의미를 기독교 역사의 위대한 성인인 아우구스티누스의 사상을 통해 조명합니다. 하지만 과거를 곱씹는 데서 그치지 않고, 지금 여기서 안식을 참으로 맛보고 희구할 수 있는 대안도 소개합니다. 즉 에덴낙원이라는 공간을 통해서 죽음의 과정과 기억을 산 자와 죽은 자가 공유하는 안식의 이야기로 제시하고자 합니다. 안식은 영원을 연습하는 것이라고 하지요. 7일째인 안식일이 시간의 리듬에서 영원을 연습하는 훈련이라면, 에덴낙원은 시간과 공간 속에서 영원을 연습하는 곳이라 할 수 있습니다. 그렇게 이 책은 시간의 안식뿐 아니라 공간의 안식으로 독자들을 초대할 것입니다.

프롤로그

쉼의 인문학,
휴(休)테크를 넘어서

10

21

아우구스티누스와
쉼의 인문학

55

Cassiciacum
Today

113

왜, 쉼의 인문학인가?

마음이 쉴 수 없다면…

현재적 쉼, 영원한 안식

'에덴낙원' 이야기들

쉼의 인문학,
휴(休)테크를 넘어서

I

쉼의 인문학,
휴(休)테크를 넘어서

'쉼' vs. '일'? 반대말 아닌

추석연휴를 앞둔 휴일이었던 것으로 기억됩니다. 가족과 함께 동네 음식점에서 간단히 외식을 하던 휴일의 기억입니다. 옆 테이블에 우리보다 조금 늦게 한 팀이 들어와 앉았습니다. 일부러 들으려 했던 것은 아닙니다. 작은 사무실의 사장님과 여직원 두 분이 휴일근무를 마치고 저녁식사를 하는 자리였던 것 같습니다. 사장님이 불만 섞인 말투로, 이렇게 대화를 시작하더군요.

"오늘도 쉬는 날이고, 내일부터는 추석이랍시고 또 쉬는구나…이러면 안 되지!"

"사장님도 고향 길, 잘 다녀오세요."

여직원이 나름 예의바르게 응대했다고 생각됩니다. 하지만 '고맙다', '추석연휴 잘 지내고 다시 일하자'는 덕담은커녕 그분, '사장님'의 불평 잔뜩 묻은 핀잔이 되돌아 왔습니다. 제가 듣기로 그 대답은 연휴를 앞둔 시점에서 할 수 있는 인사치레 혹은 농담이 결코 아니었습니다.

"짜증난다! 그래서 니들은 며칠씩 쉬고… 나는! 추석이라고 니들 보너스에 선물까지 줘야 하는 거잖아?"

진심이 잔뜩 묻어 있는 심술부림 혹은 투덜거림이었습니다. 옆 테이블에 앉아 있던 저와 저희 식구들이 듣기에는 그랬습니다. 그 다음 이야기는 잘 기억이 나지는 않습니다만, 여직원 두 분은 얼마나 가시방석이었을까요? 연휴라고 쉬는 것이 사장님께 큰 죄를 짓는 것처럼, 그리 비싸지 않을 것 같은 추석선물 받는 것이 얼마나 초라하게 느껴졌을까요? 경영상의 이유로 그런 생각을 할 수 있다고 해도, 군이 그렇게 밉상을 부려야 했던 것일까요? 평소에는 어떨지 궁금해졌습니다.

그 이야기를 듣는 제가 이런 생각이 다 들었습니다. '제발 이런 사장님에게서 벗어나서, 쉬고 싶다!' 한편으로는 경영난에 스트레스를 받는 사장님의 입장도 이해되기도 했고, 오죽하면 저럴까 싶은 마음이 없는 것은 아니었습니다. 하지만 답답한 마음이 더 컸다고 하는 것이 맞겠습니다. 사장님의 불평스러운 무례함에 대해 말입니다. 그리고 '쉼에 대한 바른 이해가 절실하구나!' 하는 생각이 들었습니다.

가만히 보면, 쉬고 싶지 않은 분들도 있기는 하더군요. 쉬면 '죽는 것'으로 아는 분들 말입니다. 군이 '워크-홀릭'이라는 말을 할 필요도 없이, 일하는 것 자체를 즐기는 분들이 있습니다. 대개는 주말과 휴일을 달갑지 않게 생각하시더군요. 이래서 쉬고 저래서 쉬면 언제 일하고 언제 돈 버느냐고 강변하는 분들 말입니다. '열심히 일한다 = 쉬지 않는다'는 등식을 가지신 분들이 은근히 많습니다. 아마도 '중단 없는 전진'을 강조하던 우리나라 산업화 시기의 가치관이 그분들에게 꼭 들어맞을 것 같습니다.

하지만 좀 더 생각해 보면 그분들 역시 쉼을 원하고 있을 것 같습니다. 쉼에 대한 생각이 다를 뿐입니다. 어떤 쉼을 말하는 것인지

는 짐작할 수 없지만 말입니다. 분명한 것도 있습니다. 쉼이란 일을 그르치게 하는 것이라는 생각, 혹은 쉼을 말하는 것은 조직생활에 해가 된다는 생각, 그것이 문제라고 하겠습니다.

물론 회사가 어렵고 급히 처리해야 할 일이 있으면 쉼을 미루어 둘 수 있겠지요. 내가 꼭 처리해 줘야만 하는 급한 일부터 해야 한다는 것도 틀리지 않습니다. 그런 이야기를 하려는 것이 아닙니다. 굳이 이런 말씀 드리는 이유가 있습니다. '쉼'을 '일'의 반대말로 생각하는 것은 한계가 있다는 점, 그것을 말씀 드리고 싶군요.

'쉼 vs. 일'의 구도는 문제가 있어 보입니다. 쉰다는 것이 일을 그만둔다는 뜻으로 해석될 수 있기 때문입니다. 요즘처럼 일자리가 사회적 이슈로 떠오른 정황에서, 쉼을 쉽게 말하기 어려운 것은 분명해 보입니다. 쉼을 말하는 것은 일종의 사치이자 여유 있는 정규직들의 거드름 정도로 취급받기 쉽겠습니다.

분명히 말씀드리지만, 실업의 문제와 일자리 문제는 사회적 고민이어야 하고 반드시 해결해야 할 공동의 과제이자 최우선의 관심사임에 틀림없습니다. 종교개혁자들 역시 이 문제에 깊은 관심이 있었다고 읽었던 기억이 납니다. 칼뱅(J. Calvin)의 경우에는, 실업이 국가와 사회의 문제라고 주장했던 것으로 기억됩니다.

요점은 이것입니다. 쉼은 일과 대립 혹은 갈등관계가 아니라는 점, 바로 그것입니다. 굳이 말하자면, '변증법적 관계'라고 해야 할 것 같습니다. 일과 쉼의 관계를 규정하기에는 너무나 많은 변수들이 있기 때문입니다. 개인적으로, 사회적으로, 그리고 문화적으로 다양한 요소들이 반영되어야 할 듯싶네요.

'쉼' = 레저? 휴(休)테크를 넘어서

'쉼', 모두가 바라는 것이지요. 그것도 절실하게 말입니다. 쉬고 싶다는 말을 입에 달고 산다고들 하지요? 쉬고 싶지만 쉴 수 없음을 아쉬워하는 반어법일 가능성이 커 보입니다. 쉬고 싶을 때 쉴 수 있다면 얼마나 좋을까요? 하지만 쉬었다가는 다시 일상으로 복귀하는 것 자체가 불가능해질 수 있지요. 쉼을 원하는 것에 반비례하여 쉼이 쉽지 않은 현실을 살아가고 있기에 더욱 안타까워집니다.

그렇게 보면 마음껏 쉴 수 있는 여유와 재력 혹은 지위가 한없이 부러워집니다. 하지만 쉼에 대한 관심은 신분과 지위와 직종에 상관이 없는 것 같습니다. 고용된 사람이든 '오너'이든 마찬가지입니다. 쉼은 인간이면 누구에게나 적용되는 보편적 특성이기 때문

입니다. 쉼을 바라는 것 자체는 보편적이고 자연스러운 일이라는 뜻입니다. 쉬면 안 되는 것, 쉬면 죽는 것으로 생각하는 분들에게는 기분 나쁜 말일 수 있겠군요. 주변에 그런 분들이 은근히 많은 것 같습니다.

인정할 것은 인정해야 하겠지요. 인간이란 쉼을 필요로 하는 존재라는 사실 말입니다. 쉬고 싶어도 쉬지 못하는 안타까움이 있을 뿐, 쉼 자체를 죄악시하는 것은 균형 잡힌 생각이 아닌 것 같습니다. 누군가의 생각이 잘못되었다고 요즘 말로 디스하려는 것은 아닙니다. 쉼 자체를 바르게 인식하는 것, 그것이 중요하다는 말씀을 드리고 싶은 셈입니다.

유의할 것은 쉼을 레저와 등식관계로 말해서는 안 된다는 사실입니다. '쉼' = '레저'가 아니라는 말씀을 드리고 싶은 셈입니다. 그것보다 훨씬 더 큰 뜻으로 생각해야 한다는 취지입니다. 앞질러 말씀 드리자면, 우리가 관심하고 있는 쉼이라는 단어는 휴무 혹은 휴가의 개념을 넘어서 '안식'(安息)이라는 큰 뜻을 담아내는 것이기 때문입니다.

사실, 레저에 대한 관심을 이래라 저래라 말하기는 어렵습니다. 각자의 방식으로 쉼을 위한 길을 찾아내기 마련이고 레저 역시 그중 하나이기 때문입니다. 익스트림 스포츠를 좋아하는 분이 쉼의 기회를 패러글라이딩에 집중하는 것은 그분 나름의 취향이고 존중받아야 할 부분입니다. 캠핑을 즐기시는 분, 낚시를 좋아하시는 분, 등산을 즐겨하시는 분 등등 다양한 방법으로 쉼을 누릴 수 있겠습니다.

굳이 레저라고 한정을 짓기보다는, '휴(休)테크'라고 말하는 것도 좋겠습니다. 재(財)테크, 시(時)테크라는 말을 응용하여 누군가 이렇게 사용하더군요. 쉼을 위한 각자의 방식이 '시간 때우기'와 같은 것이어서는 안 된다는 전제가 깔려 있는 듯싶네요. 사실, 주말에 '침대에서의 시체놀이'를 두고 마냥 의미가 없다고 말하는 것도 문제가 있어 보입니다. 그분에게는 자신이 취할 수 있는 쉼의 적절한 방법일 수 있기 때문이지요.

어쨌든, '휴테크'라는 말에 상당한 의미가 있어 보입니다. 쉼이란 단지 흘러가 버리게 하는 것이 아니라, 나름의 방식으로 '누려야 하는 것' 혹은 '누릴 수 있는 것'이라는 생각을 심어 주었다는 점에서 말입니다. 하지만 과연 무엇이든 휴테크라고 할 수 있는가의 문제는 여전히 남습니다. 휴테크의 개념과 범위에 관해서는 전공하시는 분들에게 배워야 할 부분일 듯싶군요.

쉼에 대한 생각의 범위를 넓혀 주는 것만큼은 분명해 보입니다. 단지 일에서의 자유를 뜻하는 것이 아니라 적극적으로 쉼을 누

리기 위한 관심을 촉구해 주었다는 점에서, 현대인에게 많은 것을 말해 줄 수 있을 것으로 기대됩니다. 말하자면 쉼을 본격적으로 성찰하게 만들었다는 점은 무엇보다도 큰 의미를 갖는다고 하겠습니다.

나아가 쉼이 '힐링' 혹은 회복과 연관되어 있음을 일깨워 준다는 점에서도 휴테크에 대한 관심은 중요해 보입니다. 쉼을 통한 재충전 혹은 회복이 주는 힐링효과는 결코 작지 않습니다. 아니, 또 다른 의미에서 삶의 원동력이 되기도 합니다. '잘 쉬고' 돌아온다면 말입니다. 각자의 휴테크를 살펴보아야 할 때인 듯싶네요. 정말 잘 쉬고 있는지, 혹은 쉼을 낭비하고 있는지 성찰해 볼 필요가 있겠습니다.

아쉬운 것은 휴테크에 대한 관심이 쉼 그 자체에 머물기 쉽다는 점입니다. 쉼을 위한 쉼을 지향하는 것은 아니겠지만, 휴테크에 대한 생각들이 쉼의 본질적 의의에 대한 성찰로 이어지면 더 좋겠다는 뜻입니다. 휴무와 휴일, 그리고 휴가에 대한 휴테크를 통해 더 큰 의미에서의 쉼을 생각할 수 있어야 하겠습니다. '안식'이 바로 그것입니다.

쉼의 인문학, '안식'에 관심하다

요즘 '인문학'이라는 표현이 많아졌습니다. 그만큼 관심도 커졌습니다. 인문학자의 한 사람으로서 반가운 일입니다. 인문학이라는 단어 자체가 새록새록 좋아지기도 합니다. 인간에 대한 바른 이해, 인간에 대한 깊은 성찰, 그리고 인간을 인간되게 하는 길에 대한 성찰을 담고 있다는 점에서 말입니다.

어떤 분이 묻더군요. '아무리 인문학 부흥이라고 해도 기독교 인문학이라는 것이 가능한가요?' 신학자들이 인문학을 말하는 것이 어색해 보인다는 의견이셨습니다. 그래서 설명은 드렸습니다. 종교개혁에 르네상스 인문학의 영향이 지대한 것이었다고, 루터에게 에라스무스의 영향이 결코 작지 않았다고 등등. 중요한 것은 인문학에 대한 관심이 지속되어야 한다는 점이겠지요.

인문학 자체가 쉼이라고 주장하는 분들도 계시더군요. 동의합니다. 알파고의 충격으로 깨닫게 된 AI 시대에, 인문학을 통해 삶의 쉼표를 찾는 것은 무척이나 소중한 의의를 지닌다고 하겠습니다. 인간에 대한 존중이 흐려지고 있기에, 인간에 대한 배려만큼 중요한 것도 없습니다.

그리고 긍휼의 마음으로 인간을 대하는 것은 인문학이 추구해야 할 가장 중요한 가치라고 하겠습니다. 휴머니즘이라는 말을 쓰는 경우, 그것은 아마도 인간 존중의 인문주의를 말하는 것이지, 하나님 없는 인간중심주의를 뜻하는 것은 아니라고 하겠습니다. '기독교 인문학'의 자리가 바로 여기입니다.

기독교 인문학이 지금 하고 있는 이야기의 주제인 것은 아닙니다. 쉼에 대한 인문학이 필요하다는 점을 말씀드리고 싶네요. 정말 절실하다고 해야 하겠습니다. 쉼과 일을 대립관계로 설정하거나 쉼을 위한 레저를 휴테크의 전부로 간주하는 등 쉼에 대한 생각들이 성숙되지 못한 모습들을 어렵지 않게 볼 수 있기 때문입니다.

쉼의 인문학을 말하는 데는 분명한 이유가 있습니다. 인문학적 성찰을 통해 쉼을 말하자는 취지입니다. 제대로 살펴보자는 뜻이지요. 인문학이 그 모든 것을 완수할 유일무이한 길이라고 자부하는 것은 아닙니다. 적어도, 오늘의 정황에 비추어 쉼의 인문학이 필요하다는 사실만큼은 분명해 보입니다.

쉼의 인문학이 관심하는 개념이 있습니다. '안식'입니다. 이 말에 문화와 신앙과 철학의 깊은 관심들이 녹아들어 있기 때문입니다. 특정한 종파가 자신들의 교단 이름으로 사용하는 것과는 큰 차이가 있습니다. 미리 말씀 드리자면, '안식'의 개념은 인문학을 통해 규정되어야 할 보편의 가치인 동시에, 각자의 신념과 철학을 투

영시킬 수 있는 특별한 의미를 지닌다고 하겠습니다.

한자로 안식(安息)이라고 쓰는 경우에는 '편히 쉼'으로 옮깁니다. 약간 고쳐서 말한다면 '편안함의 극치를 누리는 쉼'이라는 뜻이 되겠습니다. 아쉬운 것은, 수동적 이미지가 강하다는 점이겠지요. 멈춰진 상태를 떠올리게 된다는 점에서 말입니다. 죽음에 대한 연상을 하게 만드는 단어입니다. 그럼에도 불구하고 안식이라는 말 자체가 안식을 줍니다. 우리 마음을 편하게 해 주고 쉬게 해 주는 것만 같습니다.

서양식으로, 'Quies'라는 단어를 생각해 볼 수 있겠습니다. 서양 문화의 근간이었던 라틴어입니다. 영어의 'quiet'의 어근이라는 점에서 조용한 그 무엇을 뜻하는 것처럼 느껴집니다. 'Q.T.'라고 말하는 개인경건의 시간은 'Quiet Time'의 약어로, '조용히 하나님의 말씀을 듣는 시간'이 되는 셈입니다. 흥미롭게도, 이 단어에 're'가 붙으면 'requies'가 되고 음악영웅들의 작품이 되면 'requiem'이라고 표현하게 됩니다. 장례미사곡이라는 뜻이 되어 죽음을 연상케 하는 부분입니다.

동양의 '안식' 혹은 서양의 'Quies', 둘 다 '쉼'의 본질 혹은 이상향을 말해 주는 것 같습니다. 쉼의 인문학이 지향하는 가치가 바로 여기에 있습니다. 인간이란 쉼을 필요로 하는 존재이며, 그 온전한 완성은 안식 혹은 Quies를 통해 이루어진다는 것을 암시하고 있다는 점에서 말입니다. 쉼을 위한 인간존중과 배려, 그리고 쉼을 통한 인간 성숙의 비전을 성찰한다는 뜻입니다.

쉼에 대해 또 하나의 의무를 부과하려는 것이 아닙니다. 그러려면 차라리 그냥 쉬게 '내버려 두는' 것이 훨씬 더 인간적일지 모르겠습니다. 오히려 쉼의 인문학이라는 것 자체가 새로운 방향제시라 할 수 있습니다. 쉼의 기회가 주어졌을 때, 의미로 채워가야 한다는 뜻에서 말입니다.

쉼의 인문학을 위해 넘어서야 할 것이 있습니다. 쉼의 문제는 이미 충분히 다루어졌다는 생각, 그래서 쉼을 위한 제도의 확충 혹은 쉼을 위한 시설의 다양화만이 남아 있는 과제라는 생각을 넘어서야 합니다. 오히려 쉼에 관하여 더 깊은 성찰이 필요하다는 사실을 기억해야 합니다. 쉼의 본질에 대하여, 쉼과 현대인에 관하여 우리가 생각하고 성찰해야 할 것이 아직 많이 남아 있기 때문입니다.

믿음의 발자취가
지속적으로 이어질
아름다운
하나님의 정원

에덴낙원

EDEN P

RADISE

여호와는 나의 목자시니 내가 부족함이 없으리로다
시편 23:1

아우구스티누스와
쉼의 인문학

Ⅱ

어느 곳보다 찾고 싶고
머물고 싶은 곳으로
성도들이 새 힘을 얻는 곳

에덴가든

EDEN
PARADISE

예수께서 가라사대
나는 부활이요 생명이니
나를 믿는 자는 죽어도 살겠고
요 11:25

왜,
쉼의 인문학인가?

쉼의 인문학자, 아우구스티누스

쉼의 인문학을 위한 실마리는 '쉼'을 뜻하는 라틴어, 'Quies' 혹은 'Requies'를 깊이 성찰한 아우구스티누스에게서 찾아 볼 수 있겠습니다.[1] 이 단어는 아마도 성경 다음으로 널리 알려지고 읽혀졌을 『고백록』(Confessiones)의 처음과 끝을 장식하는 단어입니다. 쉼에 관한 간절하고도 오롯한 마음의 표현일 듯싶군요. 아우구스티

---

1   이 부분은 다음 논문의 관점을 바탕으로 단행본의 취지에 맞게 논의를 확장하여 새롭게 수정하고 보완한 것임을 참고하시기 바랍니다. 문시영, '아우구스티누스의 안식사상,' 「논문집」(남서울대학교, 2011)

누스의 개인적인 용법을 넘어 현대인 모두에게 적용할 만하다고 생각됩니다.

> 당신께서 우리를 지으실 때, 당신을 향하여 살도록 창조하셨기에 당신 안에서 쉴 때까지 우리 마음이 온전히 쉴 수 없습니다.(Cofessiones I.1.1)

『고백록』제 I 권 첫 문구에 나타난 쉼에 대한 아우구스티누스의 성찰은 『고백록』마지막 제 XIII 권에서 영원한 쉼을 향한 간절한 소망의 기도로 마무리됩니다.

> 영원한 쉼을 주소서.(Cofessiones XIII.36.51)

한마디로, 『고백록』전체에 아우구스티누스의 쉼의 인문학이 담겨 있습니다. 표현이 다를 뿐입니다. 평안 혹은 평화, 안식 등 용어들이 번갈아 나오지요. 영어식으로 '어거스틴'이라는 이름에 익숙한 우리에게, 요즘에는 아시안 푸드 체인점에도 그의 이름이 붙어 있다는 사실이 낯설지 않습니다. 물론 그 명칭이 직접적으로 그를 지목한 것은 아니고 파리의 아시아 음식점이 많은 거리 이름을

불어와 영어로 섞어서 응용한 듯싶네요.

아우구스티누스에게 '서양의 스승'이라는 칭호도 있지만, 쉼의 인문학을 펼쳐내면서 굳이 아우구스티누스에게 호소하는 것은 그가 지닌 거창한 칭호 때문만은 아닙니다. 쉼에 대한 진솔하고도 깊은 통찰을 우리에게 줄 수 있으리라 기대되기 때문입니다. 그 자신의 실존적인 삶의 체험들이 '쉼'을 갈망하는 자신의 모습을 깨닫게 한다는 점에서 말입니다.

어떤 의미에서는, 『고백록』을 쉼을 향한 여정으로 읽어야 할 듯싶군요. 하지만 그것을 아우구스티누스 개인의 인생을 되돌아보고 그 의미를 반추한 것으로만 제한해서는 곤란합니다. 사실, 그가 지극히 사적인 영역의 이야기를 공적으로 드러낸 것 자체로 의미가 있다고 해야 하겠습니다.

하지만 아우구스티누스의 이러한 태도에 의구심이 드는 것이 사실입니다. 요즘 같아서는 공감을 얻기보다 욕먹기 딱 좋은 내용이기 쉽지요. '부도덕한 목회자,' '과거가 더러운 사람,' 그리고 '목회자가 되기에는 자격미달' 등등. '디스'를 당하기에 충분한 이야기를 굳이 펼쳐내는 이유는 무엇일까요?

요즘말로 '관종'이었을까요? '관심종자'의 줄임말인 이 단어는 남에게 인정을 받고 싶어 하는 정도가 지나친 사람을 지칭하는 것 같습니다. SNS에서 '좋아요'를 받고 싶어서 안달이 난 경우가 여기에 해당하겠군요. 남들의 시선을 끌기 위해서는 충격적인 그림이나 이야기를 늘어놓아야 하고, 지극히 사적인 추악함을 드러내기도 하는 것 같습니다. 지극히 사적인 더러움을 풀어낸 아우구스티누스, 그는 과연 '관종'이었을까요?

자신의 삶에 대한 진솔한 성찰을 통해 인간이란 무엇인지를 말하고 싶었던 것은 아닐까요? 인문학의 본질에 충실한 모습이라 하겠네요. 인간중심주의를 말하기보다 인간이란 완벽한 존재가 아니며, 더러운 구석을 가진 존재요 불쌍히 여김과 배려를 받아야 할 존재라는 사실을 일깨워 준다는 점에서 말입니다.

아마도 '죄인'이라는 단어를 사용하면 한 눈에 들어올 것 같습니다. 기독교 인문학에서 결코 빠질 수 없는 단어들 중 하나라고 하겠습니다. 겉으로는 멀쩡하고 남들의 존경을 한 몸에 받을 수 있을 듯싶은 사람에게도, 죄인으로서의 그림자는 면제되지 않습니다. 아무리 호감을 주고 덕스러운 사람이라 해도 죄인이라고 말할 수 있겠습니다.

기독교 인문학의 핵심입니다. 인간중심주의가 아니라는 뜻입니다. 인간에 대한 진솔하고도 깊은 이해를 통해 인간의 인간됨을 추구한다는 점에서, '죄인'이라는 단어를 사용하는 기독교 인문학의

특징을 볼 수 있겠습니다. 아우구스티누스를 쉼의 인문학자라고 말할 때, 그의 사상적 주소는 기독교 인문학에 있다는 점을 유념해 주시기 바랍니다.

더 중요한 것은, 지극히 인간적이고 사적인 영역을 공개적으로 드러냄으로써 스스로를 '쉼'이 필요한 존재로 규정하고 있다는 사실입니다. 아우구스티누스의 이야기는 쉼의 구체적인 뜻을 말해 줍니다. 휴테크가 말하는 레저를 통한 힐링보다는 용서, 위로, 격려, 배려, 그리고 불쌍히 여김을 통한 힐링의 뜻으로 옮길 수 있겠습니다. 쉼의 내적 특성을 말해 주고 있는 셈이지요.

이것을 가리켜 '내성법'(內省法)이라고 부릅니다. 자신의 내면에 대한 성찰을 통하여 진리에 이르고자 하는 방법론 정도로 규정할 수 있겠습니다. 굳이 휴테크를 쉼의 외적 특성만 관심하는 것이라고 한정지을 생각은 없습니다. 휴테크 나름의 특성을 항변할 수 있다는 점에서 말조심은 해야 하겠지요. 다만 아우구스티누스를 통해 배우는 쉼의 인문학은 내적 특성을 지닌 것이라는 점, 그것이 무엇보다 중요하다는 점을 말씀 드리고 싶은 셈입니다.

아우구스티누스에게서 쉼의 인문학을 배우려는 정말 중요한 이유가 따로 있습니다. 일과 쉼의 관계를 대립 혹은 갈등으로 생각한 나머지, 쉼을 일로부터의 자유라고 생각하기 쉽지요. 혹은 쉼을 위해서는 레저를 비롯한 다양한 휴테크가 필요하다는 생각에 이르기도 합니다. 또 한 번 말씀 드리지만, 휴테크의 범위가 결코 제한적이지 않을 것 같습니다. 이해하기 편하게 말씀드리고 있을 따름입니다.

쉼의 인문학은 일로부터의 자유라는 생각과 휴테크에 대한 관심을 넘어섭니다. 정말로 우리를 쉬지 못하게 하는 것이 일 하나만 있는 것은 아니기 때문입니다. 물론 일이라는 개념 자체가 광범위한 것이기는 합니다. 재정문제를 비롯한 스트레스의 원인이 되는 문제들을 아우르는 개념이라고 할 수 있습니다. 현실적으로 다가오는 여러 요소들이 일과 연관되어 있다는 점에서, 일로부터의 자유를 쉼이라고 말하는 것도 나쁘지는 않겠습니다. 하지만 그것만으로는 부족합니다.

쉼의 인문학은 내면을 향하여 한 걸음 더 들어갑니다. 일하는 존재로서의 인간에 대한 관심도 중요하지만, 인간의 본성에 관한 근원적 성찰을 시도해야 한다는 뜻입니다. 굳이 인문학이라는 말을 쓴 이유가 여기에 있습니다. 쉼의 문제를 현상적이고 제도적인 해법으로 접근하는 것이 꼭 필요하기는 하지만 그것으로는 인간의 문제를 온전히 설명할 수 없다는 생각이 작용하는 셈입니다.

우리가 아우구스티누스에게서 배우려는 것은 쉼의 문제를 인간에 관한 성찰로부터 풀어내는 방식에 관해서입니다. 아우구스티누스는 죄와 악의 문제에 깊은 관심을 가지고 있었으며, 실존적 불안을 극복할 해결책을 찾고자 갈망했습니다. 그를 '탕자에서 성자로' 변화된 부랑아로 몰아세워서는 안 되는 이유입니다. 아우구스티누스가 자신이 저지른 죄에 대한 심판의 두려움에 떨며 지낸 모습을 '쉬지 못했다'는 이미지로 풀어낸 것은 무척이나 중요한 의미가 있습니다.

핵심 질문은 이것입니다. '인간이란 무엇인가?' '쉼의 존재'라는 것이 아우구스티누스의 진단이요 쉼의 인문학의 핵심입니다. 현대 인류를 'homo sapiens'로 규정하기도 하지만, 인간이 지닌 본성을 따라 좀 더 구체적으로 말하는 방식이 있습니다. 예를 들어, '도덕적 존재로서의 인간'을 'homo moralibus'라고 하고 '일하는 존재로서의 인간'을 'homo laborans'라고 부르는 것처럼 말입니다. 굳이 말하자면, '쉼의 존재로서의 인간'은 'homo quieticus' 정도 되지 않을까 싶네요.

라틴어 표현이 맞게 된 것인가 하는 점도 따져볼 필요는 있지만, 그것 자체가 목숨 걸 만큼 중요한 것은 아닙니다. '쉼을 필요로 하는 존재,' '쉼을 원하는 존재,' '쉼을 통해 회복되어야 할 존재'라는 의미가 더 중요하다는 뜻입니다. 인간은 보편적으로 쉼을 원합니다. 쉼의 인문학에서 가장 중요하고도 가장 기본이 되는 출발점이 여기에 있습니다. 쉼의 문제를 인간의 본질 중 하나로 인식하고 인간을 바른 의미의 인간되게 하는 요소로서의 쉼에 관심해야 한다는 뜻입니다.

현실적으로, 쉬고 싶지만 쉬지 못하는 많은 이들을 우리 주변에 있습니다. 쉼의 문제는 여가사업이나 레저산업으로 국한될 수 없지요. 어쩌면, 현대인에게 있어서 쉼은 경제현실이자 사회적인 요인들이 크게 작용하는 주제가 되어 버린 듯싶습니다. 쉼에 관한 본질적 성찰 없이는 쉼의 종합적인 접근이 불가하다는 점을 잊지 말아야 하겠습니다. 쉼의 인문학이 요청되는 이유가 이것입니다.

쉼은 일의 반대말이 아니며, 휴테크로 충족될 것도 아니라는 사실에 대해서는 앞에서 이미 말씀 드렸습니다. 이제 그 이유를 찾은 셈이 되겠습니다. 쉼이란 일의 연장선상에서 계산해야 할 휴가일수와 초과근무수당과 같은 계량적 지표에 의해 설명될 수 있는 것이 아닙니다. 물론 그러한 기본적인 권리가 보장되는 사회로 성숙할 필요에 대해서는 아무리 말해도 지나치지 않습니다. 우리 사회가 경제규모에 걸맞게 쉼을 위한 형식과 제도에서도 성숙되어야한다는 것은 분명한 과제입니다.

또한 쉼이란 휴테크를 위한 장비와 비용의 문제로 환원될 수 있는 것도 아닙니다. 그것은 자칫 쉼에 있어서의 차별이라는 또 하나의 문제이기 쉽습니다. 쉼의 방식과 만족도를 비용의 문제로 환산하는 것은 쉼을 쉼답게 하는 것이 아니라 쉬고도 쉰 흔적이 없게만드는 것과 다르지 않습니다. 장비, 비용, 기회의 문제를 넘어 쉼그 자체에 대한 본질적 이해와 쉼을 누리기 위한 인식이 우선되어야 한다는 뜻입니다. 이것이야말로 쉼의 인문학을 통해 구현해야할 과제라 하겠습니다.

'쉼'을 쉼답게, 참된 쉼의 성찰

쉼의 본질이 왜 문제시되어야 하는지 물으신다면, 이렇게 답해드리고 싶네요. 쉼을 쉼답게 누리기 위해서라고 말입니다. 안타깝기는 하지만, '쉬면서도 쉬지 못하는' 경우들이 있지 않습니까? 쉬

는 기간이면서도 마음이 불안하고 일 때문에 연락이 계속되면, 그건 쉬는 것이라고 말하기 어렵겠습니다. 쉽답지 않은 쉼이 있다는 뜻이 됩니다. 바꾸어 말하면, 쉼을 쉼답게 누려야 진정한 쉼이라고 할 수 있을 것 같습니다.

사실, 현대인은 과거에 비해 쉼의 기회와 방식에서 다양한 가능성을 지니고 있습니다. 쉼을 위한 제도와 형식, 그리고 쉼의 방편에 있어서 과거의 그것과는 확연히 다른 다양성을 보여 주고 있습니다. 여러 분야에서 광범위하게 쉼을 위한 변화가 일어나고 있는 것 또한 사실입니다. 바람직한 경우라 하겠습니다. 문제는 다양한 쉼의 형식들이 쉼의 본질에 얼마나 근접하고 있는가 하는 점입니다. 쉼을 쉼답게 하고, 본질적 의미를 구현할 수 있는 길을 모색해야 한다는 뜻입니다.

우선, 쉼의 현상과 본질이 구분되어야 할 듯싶네요. 아우구스티누스가 현대인에게 전해 주는 쉼의 인문학은 현대사회의 다양한 제도와 형식들에 비추어 보면 고리타분한 것일지 모르겠습니다. 하지만 그가 말하고자 했던 것은 쉼을 위한 제도와 형식 이전에 쉼을 인간의 문제로 인식해야 한다는 점이었습니다. 말하자면, 쉼에는 '쉬는 현상' 으로서의 외적 요소만 있는 것이 아니라, 내적 본질이 있음을 깨닫게 해 준다는 점이 아우구스티누스의 중요한 기여라고 하겠습니다.

무엇보다도, 쉼에는 인문학적 특성이 있다는 점부터 인식해야 하겠습니다. 인간중심주의적 관심으로서의 인문학이 아닌, 인간에 대한 진솔한 이해와 존중을 바탕으로 인간을 인간답게 하는 인문학 말입니다. (아우구스티누스의 경우는 기독교 인문학에 속한다는 점 또한 기억해 주시기 바랍니다.)

쉼은 인간의 본질적 요소에 속하는 것으로서, 쉼을 통해 인간다움을 위한 기회가 마련된다는 사실에 주목해야 하겠습니다. 인간에 대한 참된 존중은 하나님 없는 인간중심주의를 밀어붙이는 것이 아니라, 인간의 가치와 의미의 회복을 위한 관점에서 조명되어야 하기 때문입니다.

이것을 바탕으로, 쉼의 문제가 일에서의 자유 혹은 휴테크의 문제에 국한되는 것이 아니라는 사실에 주목할 필요가 있습니다. 쉼다운 쉼을 위해서는 휴가제도가 정비되고 연결되지 않을 권리를 말하는 것만으로는 한계가 있습니다. 일에서 벗어난다고 해서 그것이 곧 쉼의 완성이라고 말하기는 어렵습니다.

아무리 휴가를 길게, 럭셔리하게 쓴다고 해도 그의 마음이 쉬지 못한다면 쉼다운 쉼이라 할 수 없지요. 탐욕으로 상징되는 모든 욕심으로부터의 쉼, 소유지향의 어긋난 관심으로부터의 쉼을 말해야 하는 이유가 여기에 있습니다. 쉼의 인문학이 관심하는 영역들이 기도 합니다.

뿐만 아니라, 쉼을 쉼답게 하는 성찰에 한시적인 쉼과 영원한 쉼 사이의 구분도 포함되어야 합니다. 영원한 안식으로서의 쉼에 이르기까지 쉼의 영역은 시간 안에서만 말할 수 있는 것이 아니라는 뜻입니다. 쉼의 본질에 대한 종합적인 성찰이 절실한 이유입니다. 우리들 대부분이 놓치기 쉬운 요소일 듯싶네요. 휴가를 쉼의 전부인 것처럼 생각하기에 급급한 현실 때문이기도 하겠지만, 쉼의 인문학이 없었기 때문은 아닐까 싶기도 합니다.

분명히 쉼은 모두에게 필요합니다. 하지만 바른 쉼이 더욱 중요합니다. 바른 쉼, 쉼다운 쉼을 위해서는 쉼의 본질에 관한 성찰이 반드시 있어야 한다는 사실, 그것이 아우구스티누스가 깨우쳐 준 인문학이라고 할 수 있겠습니다. 쉼에는 일상으로부터의 물러남 그 이상의 의미가 담겨 있으며, 인간의 근본요소로서의 죄와 악에 대한 불안까지도 극복하고 행복을 추구하는 곳에 참된 쉼이 있다는 사실에 주목해야 하겠습니다.

마음이
쉴 수 없다면…

일에서의 쉼을 넘어서

대개의 경우, '쉼 = 휴가'라는 등식을 떠올리기 쉽지요. 저 역시 그렇습니다. 그나마도 제대로 누릴 수 있으면 좋겠다는 생각도 듭니다. 쉼을 위한 현실이 녹녹하지 않다는 뜻이겠지요. 짚어둘 것이 있습니다. 쉼에 대한 관심을 일의 문제와 연관 지으려 한다면, 그것은 인문 및 사회과학을 망라하는 논의를 찾아보는 것이 빠를 듯싶네요. 이를테면 '피로사회' 혹은 '소진사회'에 관한 훌륭한 이론들이 이미 상당한 수준에서 잘 제시되고 있기 때문입니다.

우리의 관심은 쉼에 관한 인문학적 성찰입니다. 사회과학을 포함하는 선행연구들에 무관심하겠다는 뜻이 아닙니다. 쉼에 관한 여러 연구들이 놓치기 쉬운 중요한 요소를 살펴보아야 한다는 생각입니다. 쉼에 관한 통전적이고 바른 이해를 위해서 말입니다. 흥미로운 것은, 아우구스티누스가 쉼의 본질을 일에 대한 관련성 그 이상의 영역으로 확장시켰다는 점입니다. 물론 아우구스티누스 역시 일에서의 쉼을 누리고 싶었을 것 같습니다. 하지만 그는 쉼다운 쉼이란 일에 대한 연관성보다 마음의 문제라는 사실을 놓치지 않았습니다.

아우구스티누스에게서 쉼의 인문학을 배우면서 특별히 관심을 둬야 할 것이 있다면, 그가 인간의 탐욕을 문제 삼았다는 점입니다. 그의 독특한 내성법이 제대로 적용된 부분일 듯싶네요. 인간 내면에 대한 성찰을 통해 인간에 대한 이해를 추구하는 과정 말입니다. 내면에 대한 성찰을 통해 아우구스티누스가 발견한 것 중에 탐욕이라는 요소는 무척이나 집요하고 결정적인 요소였습니다.

특히 쉼의 문제에 관한 성찰에서, 아우구스티누스는 탐욕이 쉼을 쉽답게 하지 못한다고 말해 줍니다. 혹은 탐욕 때문에 인간은 쉬지 못하고 있다는 이야기를 하고 싶었을 듯싶네요. 아마도 현대인에게 주는 중요한 통찰일 듯싶군요. 휴가를 얻지 못해서 쉬지 못하는 것도 있겠지만, 그것보다는 마음이 쉬지 못하는 것이 더 큰

문제이며 그 원인이 탐욕이라고 말해 주고 있지요.

사실, 휴가 중에라도 마음이 쉬지 못하는 경우는 쉽게 찾아볼 수 있지요. 남겨둔 업무에 대한 불안감도 문제이겠지만, 휴가를 떠났음에도 불구하고 승부욕, 과시욕, 명예욕, 그리고 성욕에 불타오르고 있다면 쉴 수 없습니다. 이 부분은 '지칠 때까지,' '끝장을 봐야만 하는,' 한국인의 심성에 잘 들어맞는 구석이 있는 것 같습니다. 우리 사회에서 '쉬고 싶다'는 말을 입에 달고 다니면서도 정작 쉬지 못하는 중요한 원인이 바로 이것 아닐까 하는 생각이 듭니다.

욕구 혹은 욕망 자체를 죄악시하려는 것은 아닙니다. 아우구스티누스에게서 살펴보겠지만, 경계선이 정말 모호한 경우들이 있습니다. 식욕의 경우, 건강 유지에 필요한 만큼 먹는다는 것이 어느 정도를 말하는 것일지 혹은 식욕을 넘어 식탐이 되는 경계선은 어디인지 쉽게 가늠하기 어려운 것이 사실이지요. 사실, 대부분의 탐욕이 스스로를 탐욕이라고, 나쁜 것이라고 드러내 놓고 말하지는 않는 법이지요.

다른 욕구들에 대해서도 다르지 않겠습니다. 승부근성을 발휘해야 하는 순간이 있는가 하면, 배려와 양보를 실천해야 할 타이밍이 언제인지 불분명하지요. 어쩌면 결과를 보고 나중에서야 경계선을 알아차리는 경우가 더 많다고 해야 할 것 같습니다. '아, 그때

멈췄어야 했는데… 이겨야 한다는 생각에 밀어붙이는 것이 아니었는데…' 하는 경우들 말입니다.

누군가 말했듯이, 후회가 남는 일은 옳은 일이 아닌 것 같습니다. 문제는, 저를 포함하여 대부분의 사람들이 '후회할 짓'을 한다는 점이지요. 그 원인의 대부분은 외부에 있다기보다 내부에 있지요. 탐욕 말입니다. 그것이 내 마음을 쉬지 못하게 하는 원인이라는 뜻입니다. 결국 나 스스로가 쉬지 못하고 있는 셈입니다.

중요한 것은 쉼의 인문학이 쉼의 문제를 깊은 성찰의 영역으로 이끌어 가고 있다는 사실입니다. 보통의 경우 일에서의 자유를 말하는 쉼에 집착하는 경향을 보이는 것을 두고 더 깊은 성찰을 요구하는 셈입니다. 쉼의 존재로서의 인간에 대해 말하고 있다는 뜻이지요. 쉼을 원하는 존재이면서도 쉼을 누리지 못하는 원인 역시 스스로에게 있다는 역설도 깨닫게 해 주는 것 같습니다.

마음이 쉴 수 없다면

말씀 드렸던 것처럼, 아우구스티누스의 『고백록』은 자신의 내적 성찰과 그 진실을 공개적으로 드러낸 책이며, 하나님을 향한 신앙을 고백한 책입니다. 이 책에서 아우구스티누스는 쉼을 깊이 있게 다루고 있습니다. 인간이란 쉼을 원하는 존재 혹은 쉬고 싶어 하는 존재임을 우리에게 알려 주었습니다. 쉼이란 인간 보편의 문제이며 실존적 관심의 대상이어야 함을 일깨워 준 셈입니다.

무엇보다도, 아우구스티누스가 주목한 것은 쉼의 존재로서의 인간을 쉬지 못하게 하는 원인에 관해서입니다. 그의 내성법을 따라 '탐욕'의 문제가 다루어집니다. 놀랍게도 아우구스티누스는『고백록』전체에서 탐욕의 문제를 다루고 있습니다. 회심하기 이전의 초반부 어디에선가 잠시 다루고 '넘어가는' 정도가 아닙니다. 그만큼 아우구스티누스의 자기성찰이 진지했다는 뜻이지요.

하지만 이것보다 더 큰 의미가 있습니다. 아우구스티누스의 일생을 통해 탐욕의 집요함이 뼈저리게 느껴졌고, 인간의 삶에서 탐욕을 온전히 극복해 내기란 결코 쉽지 않다는 사실을 알려 주었다는 점에서 말입니다. 여러 가지 탐욕이 일생 동안 쉬지 못하게 했다는 뜻입니다. 아우구스티누스 자신이 그것을 실존적으로 경험했고 깨달았습니다. '쉬고 싶지만 쉴 수 없는 존재,' 그것이야말로 아우구스티누스가 발견한 자신의 모습이자 인간 모두의 문제라고 하겠습니다.

『고백록』에서 몇 부분 살펴보겠습니다. 아우구스티누스에게서 탐욕이라는 단어는 쉼을 얻지 못하는 삶을 상징하는 것으로 해석할 수 있습니다. 탐욕에는 식탐, 명예욕, 정욕 등 다양한 내용들이 포함되지만, 개별적 유혹으로서의 탐욕이라는 것보다 더 큰 뜻이 담겨 있습니다.

'탐욕'은 '어긋난 사랑'으로서의 쿠피디타스(cupiditas)에 해당합니다. 아우구스티누스에게서 사랑이라는 용어는 인간의 모든 심리적 에너지가 집중하는 상태 혹은 의지와 욕망을 총괄하는 것으로서, 탐욕은 질서에 어긋난 사랑 혹은 욕망을 뜻하지요. 식탐, 정욕, 명예욕 등은 '어긋난 사랑으로서의 탐욕'의 구체적인 예항들이라 하겠습니다.

특히 '정욕'(concupiscentia)이라고 표현된 성적 탐욕에 관한 회상과 참회는 눈여겨볼 부분입니다. 16세에 타가스테에 도착했을 때, 아우구스티누스의 도덕적 해이는 극에 달하였던 것 같습니다. 특히 성적 탐욕에 시간을 허비하고 탐닉했다고 볼 수 있습니다. 이후 카르타고 유학 당시, 아우구스티누스는 사랑 그 자체에 탐닉해 있었고 문란해졌다고 말합니다.(Confessiones, Ⅲ.1.1.)

동거녀를 만나 15년간 동거했지만 결혼에는 이르지는 않았습니다. 아들까지 얻었지만 아우구스티누스의 동거생활은 자신의 성적 탐욕을 위한 타협 수단에 불과했습니다. 물론 어머니 모니카의 개입으로 동거녀와의 오래된 성적 탐욕에서 분리되기는 했지만, 아우구스티누스는 오히려 그 자리를 대신할 방법을 찾기에 급급했습니다.

로마의 풍속을 따라 법률적인 결혼을 위해 얻은 어린 약혼녀를 2년간 기다려야 했던 것 같습니다. 아우구스티누스는 그 기간을 참지 못하고 또 다른 여인을 만났습니다. 새로운 여인은 성적 탐욕을 더 강화시켜 주었으며, 아우구스티누스의 성적 탐욕은 습관화로 치닫고 있었습니다.

얼마나 심각했는지, 하나님을 향한 바른 사랑으로서의 '카리타스'(caritas)가 필요하다는 것을 깨닫고 나서도 여전히 성적 욕망에 휘둘렸던 것 같습니다. '이렇게 살다가 죽는 것은 아닐까?' 하는 죽음의 두려움을 느꼈다고 말할 정도였습니다. 심지어는 성적 탐욕을 극복해야 한다는 것을 알면서도 그의 기도는 우스꽝스러운 내용을 담고 있었던 것 같습니다.

내게 절제를 주소서. 그러나 아직은 마소서.(Confessiones, VIII.7.17)

이 기도는 아우구스티누스의 진실한 기원이었다기보다 그의 혼미스러운 정황을 보여 줍니다. 신앙을 향하여 나아가는 단계에서도 정욕의 습관을 오히려 즐기고 있었던 셈입니다. 회심하여 목회자가 되었지만, 도덕의 근본 문제는 여전히 해소되지 않았습니다. '리비도'(libido)로 표현된 성적 탐욕은 아우구스티누스에게서 과잉 혹은 탐닉의 단계에 속하는 것이었습니다. 훗날 그가 수도원에서의 공동생활을 거쳐 독신을 선택했던 기록을 볼 수 있습니다.

어쨌든 아우구스티누스에게서 성적 탐욕은 집요하고도 강력한 것이었습니다. 아우구스티누스를 쉬지 못하게 하는 결정적인 요소였던 셈입니다. 아마도 그의 마음이 쉬지 못하는 원인들 중에서 가장 대표적인 것이 탐욕, 그 중에서도 특히 성적 탐욕이 아닐까 생각될 정도입니다.

아우구스티누스가 보기에 정욕은 적절히 관리하기만 하면 되는 육체만의 문제가 아니었습니다. 혹은 율리아누스처럼 '생식기의 열'(calor genitalis)이라고 가볍게 넘길 것도 아니었습니다. 아우구스티누스가 보기에 성적 탐욕은 아담의 불순종으로부터 인류가 물려받은 요소였습니다. 그것은 인간에게서 소멸 혹은 삭제되어야 할 것이 아니라 은혜에 의해 본래 상태로 회복되어야 할 대상이었습니다.[2] 다른 말로 하자면, 영원한 안식의 단계에서 쉼을 얻어야

---

2   이 부분은 다음 글을 참고하였습니다. 안연희, '섹스 앤 더 시티: 섹슈얼리티, 몸, 쾌락에 대한 아우구스티누스의 관점 다시 읽기,' 「종교문화비평」23권(2013), 141~184.

하는 것으로 인식했던 부분이라고 하겠습니다.

아우구스티누스가 보기에 자신이 쉼을 얻지 못하는 가장 강력한 원인이 성적 탐욕이었던 것 같습니다. 그것은 일생 동안 짊어진 짐으로서, 성적 탐욕을 포함한 모든 탐욕이 영원한 쉼을 얻는 단계에 이르기 전에는 인간을 마음 편히 쉬지 못하게 하는 요소였던 셈입니다.

물론 다른 탐욕들이 문제가 되는 것도 분명합니다. 식탐의 문제를 생각해 볼까요? 아우구스티누스가 보기에 식탐은 건강을 위해 필요한 부분과 유혹이 되는 부분 사이의 경계를 정하기 어려운 측면을 파고드는 유혹입니다. 더 큰 문제는 이처럼 불분명한 상태를 즐겨하면서 스스로를 숨기고 변명한다는 점이지요. 일상의 음식에서 오는 쾌락과 싸우는 일은 단번에 결심하고 끊을 수 있는 대상이 아니었던 셈입니다. 아우구스티누스의 기도에 이 부분에 관한 것도 있습니다.

나의 식탐을 고쳐 주소서. 거룩하신 하나님, 당신께서 명하시는 것을 할 수 있는 것도 당신께서 힘을 주셔야만 가능합니다.(Confessiones, X 31,45)

일상적 탐욕에 대한 아우구스티누스의 성찰은 음악에 대한 쾌감의 문제에도 적용됩니다. 예를 들어, 교회에서 찬송의 내용보다 찬송의 선율과 감미로움에 탐닉하는 경우가 있었던 것 같습니다. 찬송 가사의 뜻보다 찬송 음악에 감동될 경우, 애통해야 할 죄를 짓는 것이라고 말하기도 합니다.(Confessiones, X.33.50)

지나친 예민함이 아닐까 싶을 정도입니다만, 분명한 것이 있습니다. 아우구스티누스가 일상적인 요소들을 포함하는 탐욕의 문제들에 대해 민감하게 반응하면서도 영적 고민과 자성을 이어가고 있다는 사실 말입니다. 하나님을 향한 바른 사랑의 길, 즉 카리타스를 향하여 결단하여 나서지 못하고 있었습니다. 이 상태를 아우구스티누스가 재치 있게 표현했군요. '하나님을 덜 사랑하는'(minus enim te amat)이라는 표현입니다.

누군가 세상의 것들을 사랑하되 당신을 위한 수단으로 사랑하지 않고 당신과 동등하게 사랑한다면, 그는 당신을 덜 사랑하는 자입니다.(Confessiones, X.29.40)

제 나름으로 정리하면, '덜 사랑하는 카리타스'(minus caritas) 쯤 되겠습니다. 카리타스를 지니고 있기는 하지만, 탐욕이 여전히 강하게 작동하고 있는 상태인 셈입니다. 하나님께 초점을 맞추는 사랑으로서의 카리타스가 절실했지만 다른 것, 그러니까 성적 탐욕을 하나님 못지않게 사랑하던 상태였던 것 같네요. 바로 이것이 문제였습니다.

여기에서 정리해 두어야 할 것이 있네요. 마음이 쉬지 못하는 원인을 탐욕 때문이라고 할 때, 그것은 탐욕에 휘둘리는 상태를 '변명'하는 것이 아니라 진리의 길을 알면서도 결단하지 못하는 자신에 대한 '자책'임을 잊지 말아야 합니다. 사실, 그것이야말로 마음의 쉼을 얻지 못하게 하는 근본 원인이라고 하겠습니다. 진리를 모르던 때라면 쾌락에 탐닉하는 것이 마음을 유쾌하게 하고 쉼을 주는 것처럼 생각했겠지만, 이야기가 전혀 달라지는 셈이지요.

정말 중요한 것이 있습니다. 아우구스티누스가 진리를 알고 바른 사랑으로서의 카리타스의 길을 알게 된 이후, 진정한 쉼을 향한 결정적인 단계를 향하게 되었다는 점입니다. 비록 현재로서는 여전히, 심지어 히포의 주교가 된 시점에서도 탐욕을 면제받지 못한 상태이기에 쉼을 온전히 누리지 못하지만 새로운 비전을 갖게 됩니다. 모든 탐욕으로부터의 면제를 통해 진정한 '쉼'을 얻게 될 영원한 안식을 바라보게 된 것이지요.

말하자면 '쿠피디타스 없는 카리타스'(caritas sine cupiditas)의 비전이라고 하겠습니다. 아우구스티누스의 표현대로, '음식과 위장의 기능을 폐하실 때까지' 식탐을 비롯한 탐욕에서 자유로울 수 없는 정황은 인간의 실존을 말해 줍니다. 하지만 종말론적 소망 안에서 쉼의 완성을 내다볼 수 있다는 것은 무척이나 중요한 요소라 하겠습니다. 아우구스티누스의 관심을 담아낸 문장이 있습니다.

> 세상에는 날마다 그날의 괴로움이 있습니다. 당신께서 세상 마지막 때, 음식과 위장의 기능을 폐하실 때까지(고전 6:13) 우리는 매일 먹고 마시면서 육체의 소모를 보충합니다. 그때가 되면 당신께서 다함이 없는 만족감으로 공복감을 해소시켜 주시고 썩을 육신을 영원히 썩지 않을 생명으로 바꾸어 주실 것입니다.(고전 15:54) 하지만 지금은 먹어야 사는 필연성 안에서 쾌락을 맛보고 있으며 그 쾌락의 노예가 되지 않도록 싸움을 계속하고 있습니다.(Confessiones, X 31.43-45)

부활의 소망이 완성되는 종말론적 미래에 인간이 탐욕으로부터 면제될 것이며, 진정한 행복을 통해 쉼을 얻을 것이라는 기대입니다. 탐욕에 대한 성찰이 쉼의 문제에서 중요한 의의를 차지하고 있음을 보여 줍니다. 어떻게 보면 『고백록』 I 권에서 말한 쉼에 대한 갈망이 탐욕에 관한 성찰을 통해 재해석되고 있는 셈입니다. 리

마인드 차원에서 다시 한 번 인용해 봅니다.

당신께서 우리를 지으실 때, 당신을 향하여 살도록 창조하셨기에 당
신 안에서 쉴 때까지 우리 마음이 온전히 쉴 수 없습니다.(Cofessiones,
I.1.1)

쉼, 긍휼의 은혜를 통하여

마음이 쉴 수 없다면, 그것은 쉼을 위한 초월적 요소가 필요하
다는 사실을 말해 주는 것 아닐까요? 아우구스티누스를 통해 우리
는 쉼이란 일에서의 자유를 뜻하는 '휴가'가 아니라 휴가를 채워
줄 의미가 필요하다는 사실을 알 수 있었습니다. 정말 중요한 통찰
이라고 하겠습니다.

그리고 그 '의미'라는 것을 발견하기 위해 쉼의 문제가 일의 문
제를 넘어서는 본질적이고 근원적인 성찰의 대상임을 깨달을 수
있었습니다. 마음이 쉬지 못하는 것이 문제라는 뜻입니다. 그리고
마음을 쉬지 못하게 하는 결정적인 요인, 즉 탐욕에 대해 살펴볼
수 있었습니다.

놓치지 말아야 할 것이 있습니다. 쉼의 인문학에서, 인간에 대한 이해가 중요하다는 사실을 기억해 주시면 좋겠습니다. 마음이 쉬지 못하는 것이 문제라는 점, 탐욕으로 인해 쉬지 못한다는 점, 나아가 마음이 쉬지 못하는 진짜 원인은 탐욕을 절제하지 못하는 실존적 모습에 있었다는 사실 말입니다. 아우구스티누스의 경우, 영원한 진리를 향하여 나아가야 함을 깨달은 후에도 여전히 휘둘리고 있다는 사실에 유의해야 하겠습니다.

어떻게 해야 하는 것일까요? 초인적인 극기 훈련이 필요한 것일까요? 마음을 챙기겠다고 나서면 될까요? 나쁘지 않습니다. 하지만 쉽지 않지요. 쉽지 않을 뿐더러 자신의 내공이 높아졌다고 교만해질 위험이 큽니다. 과시욕이라는 또 다른 탐욕이 끼어드는 셈입니다. 그렇다면 포기해 버릴까요? 포기한다는 것은 탐욕을 즐기겠다는 뜻이 되고 맙니다. 제3의 길이 필요하겠군요. 이것을 아우구스티누스는 초월의 관점에서 풀어냅니다. '은혜'의 개념이 바로 그것입니다.

아우구스티누스에 따르면 쉼이라는 단어를 '행복' 혹은 행복한 삶으로 바꾸어 놓을 수 있습니다. 정확하게 말하자면, 행복한 삶의 구성요소가 쉼 혹은 안식이라고 하는 것이 맞겠습니다. 말하자면 '쉼으로서의 행복'이라고 표현할 수 있겠습니다. 참된 쉼, 즉 쉼다운 쉼을 얻는 자야말로 진정한 행복의 소유자인 셈입니다.

일에서 해방되는 것을 두고 쉼의 모든 것이라고 할 수 없습니다. 마음의 문제, 특히 탐욕의 극복이 중요하다는 점을 잊지 말아야 하겠습니다. 무엇보다도 진리를 향하여 나아갈 때 참된 쉼의 길이 열린다는 사실을 기억해야 합니다. 모두가 행복을 추구하지만 참된 행복은 참된 안식을 주시는 하나님에게서만 얻을 수 있다는 뜻입니다.(Confessiones, X,10,20,29)

사실, 『고백록』 전체를 관통하는 주어는 아우구스티누스 자신이 아닙니다. 아우구스티누스가 문장을 쓰고 있기는 하지만, 숨은 주어가 있습니다. '하나님'입니다. 아우구스티누스는 자신의 회심 자체가 스스로 결단한 것이라기보다 하나님께서 회심시켜 주신 은혜의 사건이라고 고백합니다. 여기에 소개하는 문장이 결정적으로 그 내용을 보여 준다고 하겠습니다.

당신께서 나를 당신께로 돌이키게 하셨습니다.(Confessiones, VIII,12,30)

영어 표현으로 옮기면 더 정확하게 나타납니다. 'You converted me.' 갑자기 왜 은혜를 말하는 것이냐고 물으신다면, 아우구스티누스의 기독교 인문학의 필수요소이기 때문이라고 말씀드리고 싶습니다. 사실, 아우구스티누스 당시에 학위제도는 없었습니다. 명예로운 호칭이 있었지요. '은혜박사'(Doctor of Grace). 이것이 아우구스티누스에게 수여되었다는 점은 그가 얼마나 은혜의 중요성에 관심했었는지를 보여 줍니다.

『고백록』에서도 마찬가지입니다. '하나님 안에 쉬기까지는 인간의 마음이 쉼을 얻을 수 없다'고 고백한 것은 은혜의 중요성에 대한 상징적인 표현이라 하겠습니다. 마음의 쉼을 얻기 위해 은혜를 말하는 것은 장식품이 아닙니다. 혹은 신학자들의 당연한 결론이기 때문에 사용하는 것도 아닙니다. 오히려 본질적인 요소입니다.

아우구스티누스가 보기에 인간이 쉼을 얻기 위해서는 탐욕을 넘어설 초월적 능력으로서의 은혜를 얻어야 합니다. 그것도 긍휼의 은혜가 필요합니다. 인간 스스로의 노력으로는 헤어나지 못하는 탐욕의 굴레를 벗어나기 위해, 인간의 한계를 불쌍히 여기시는 긍휼의 은혜를 구해야 한다는 뜻입니다. 발버둥을 쳐도 여전히 집요하게 기능하는 탐욕을 이길 힘은 인간을 넘어서는 초월의 존재를 통해서라야 가능하겠지요.

무엇보다도 인간의 이러한 비참함과 한계를 불쌍히 여기시는 은혜를 통해야만 쉼에 이를 수 있다는 뜻입니다. 불쌍히 여기심을 한자로 표기하면 긍휼(矜恤)이 됩니다. 은혜의 본질에 속하는 요소라 하겠습니다. 아우구스티누스의 기독교 인문학에서 인간에 대한 성찰에 긍휼을 적용하는 것은 정말 중요한 의미가 있습니다.

너무 신학적인가요? 아무리 인문학의 관점에서 풀어내려 노력해도 은혜의 개념은 신학적일 수밖에 없군요. 하지만 그것이 쉼의 인문학자 아우구스티누스의 핵심이라는 사실을 가볍게 여겨서는 곤란합니다. 쉼이란 일에서 벗어나 누리는 휴가와 동일한 것일 수 없습니다. 마음이 쉴 수 없다면 그것은 쉬지 못하는 것과 다름없을 듯싶네요. 마음이 쉼을 얻기 위해서는 탐욕으로부터 오는 집요한 도전들을 이겨내고 진리의 길을 걸어가도록 이끌어 주는 초월적 능력이 반드시 필요합니다. 곧 '은혜'가 필요합니다.

영원한 안식을 향한
현재적 쉼

쉼의 인문학, 어떻게?

쉼의 인문학이 쉼의 본질에 대한 성찰을 제안한 것과 관련하여 한 가지 질문할 것이 있습니다. '쉼의 인문학자 아우구스티누스는 어떤 쉼을 가졌는가?' 곧 정말 쉼의 인문학을 실천에 옮겨서 제대로 된 쉼을 향하여 나아가고 있었는가를 묻는 내용이겠습니다. 하나의 케이스 스터디 쯤 되겠습니다. 쉼의 인문학을 위한 실천 방법 혹은 구체적인 내용에 관해서 말입니다.

이 질문에 대한 답은 '그렇다'고 말하는 것보다는 '이렇게' 쉼을 추구했다고 설명하는 것이 타당해 보입니다. 긍정 혹은 부정을 질문한 것이 아니라, 긍정을 전제로 하되 어떤 내용으로 답을 주었는가를 묻는 질문이었기 때문이지요. 다시 말해 쉼의 인문학이 필요하고 가능하며 절실하다는 점에 대한 긍정을 바탕으로 방법론 내지는 구체적인 내용에 대해 살펴볼 필요가 있다는 뜻입니다.

물론 아우구스티누스의 쉼의 인문학에는 전반적으로 동의할 수 있지만 실천방안에 있어서는 다양하게 접근하는 것이 좋겠다는 반론이 가능합니다. 그 의견에는 '그렇다'고 답할 수 있겠습니다. 각자의 성향과 맥락에 따라 다양하게 실천의 길을 찾을 수 있을 것이기 때문입니다. 다만 각자의 응용에 앞서 아우구스티누스의 경우를 살펴보는 것이 우선일 것 같네요.

Cassiciacum의 리트릿

아우구스투스 황제가 즉위한 지 23년 되는 해, 아우구스티누스의 쉼을 위한 중요한 여정이 기록됩니다. 흥미롭게도 아우구스티누스라는 이름은 그 당시 황제, 아우구스투스를 모방한 것이었습니다. 황제처럼 위대한 인물이 되기를 빌었던 것인지, 혹은 당시의

최고 유명인 이름이라서 그랬는지, 아우구스티누스라는 이름이 아우구스투스 황제와 멀리나마 연관이 있던 것 같습니다.

마침내 아우구스티누스는 로마의 관직에 올랐습니다. 밀라노에서 수사학을 가르치는 교수직은 로마 황실에 소속된 공직이었던 같습니다. 아마도 영전해서 지방의 총독 자리에 올라갈 수도 있었을지 모릅니다. 성적 탐욕도 채워보고, 수사학에 정평 있는 실력자라는 명예욕도 누려보고, 심지어 황실 소속 교수직을 얻어 공직자로서의 권력욕에 다가섰다는 점에서 꽤나 행복할 수 있었을 것처럼 보입니다. 성취감까지 맛보면서 자기 딴에는 쉼을 누릴 수 있었을 것 같습니다.

하지만 아우구스티누스의 정황은 그렇지 못했습니다. 그의 마음이 쉼을 얻지 못하고 있었다고 해야 할 듯싶군요. 탐욕을 채우면 쉼을 얻을 것처럼 생각했지만, 진리를 모르는 정황에서는 진정한 쉼의 조건일 수 없었던 셈이지요. 실제로 아우구스티누스는 그의 어머니 모니카의 간절한 기도, 암브로시우스의 강력한 감화, 그리고 아우구스티누스 자신의 실존적 모색을 통해 진리의 길을 발견하고 있었습니다. 다만 결단하지 못했을 뿐입니다. 그 길을 따라 인생을 변화시켜갈 결단 말입니다.

그에게 변화를 위한 조짐이 나타나기 시작했습니다. 교수직에

헌신한 탓인지 아우구스티누스는 폐질환에 시달리고 있었습니다. 요양 차원에서라도 쉼이 필요했던 셈입니다. 무엇보다도 그는 진리의 빛을 발견하고도 여전히 그 길을 따라가기로 결심하지 못한 자신의 모습을 추스를 필요가 있었습니다. 질병도 문제였지만, 진리를 향한 결단이 절대적으로 필요한 정황이었던 셈입니다.

고심 끝에 아우구스티누스는 쉬기로 했습니다. 질병 요양을 명분으로 교수직을 휴직한 것 같습니다. 그의 어머니와 아들, 그리고 그를 아끼고 따르는 동료 몇 명이 동행하기로 했지요. 그들은 밀라노라는 도시를 떠나 조금은 멀리 떨어진 시골의 한적한 곳을 찾았습니다. 그들이 밀라노의 문법학자 베레군투스의 소박한 별장이 있는 곳, 카시치아쿰에 내려간 해는 386년입니다.

한적한 곳, 조용한 동네였습니다. 화려한 시설과 먹음직스러운 조식 뷔페가 서비스되는 호텔은 아니었지만, 자연과 대화할 수 있겠다는 느낌의 소박한 그곳이 아우구스티누스와 그 일행에게는 큰 위안이었습니다. 내적 성찰을 자극하는, 혹은 독려해 주는 그곳의 분위기는 아우구스티누스를 고무시켰습니다. 아우구스티누스가 진리의 길에 들어서 세례를 받기 전까지 내면의 성숙을 이루게 한 곳이 바로 이곳, 카시치아쿰이라고 해도 지나치지 않을 것 같습니다.

카시치아쿰에서 아우구스티누스의 쉼은 독서와 대화로 이어졌습니다. 특히 기독교로 회심하기로 마음먹은 정황이었기에 시편을 비롯한 성경을 읽는 데 많은 시간을 투자했고, 마음의 큰 위안을 얻었던 것 같습니다. 그의 동료들과의 대화 역시 무척이나 의미 있는 시간이었으며, 이런 저런 명상들을 모아 집필한 이 시기의 작품들을 〈카시치아쿰의 대화편〉이라고 부릅니다. 〈독백〉, 〈아카데미아 학파 논박〉, 〈행복한 생활〉, 〈질서론〉, 〈영혼의 크기〉 등이 여기에 속합니다.[3]

독서와 대화, 그리고 집필 활동 중에서 무엇보다 흥미로운 것은 그가 정말 읽어야 할 책을 읽게 되었다는 점입니다. 시간 때우기 혹은 소일거리로 독서를 선택하는 것 자체로도 의미가 크지만, 진리의 길을 위한 책을 집중하여 읽었고 거기에서 결정적인 빛을 볼 수 있었다는 점은 무척이나 소중한 계기였습니다. 카시치아쿰의 소박한 숙소 뜰에서, 왜 이렇게도 우유부단하여 진리의 길을 결단하지 못하고 있는지 자책하던 아우구스티누스에게 옆집 어린이들의 동요가 들려왔습니다.

---

3 이 부분은 다음 책을 참고하였습니다. Allan D. Fitzgerald, ed., *Augustine through the Ages. An Encyclopedia*(Grand Rapids: Wm. B. Eerdman Pub, 1999), 135.

계속 노래로 반복하여 들렸습니다. '집어 들고 읽어라, 집어 들고 읽어라'(tole lege, tole lege) … 그 책을 집어 들고 가장 먼저 펼쳐지는 말씀을 읽었습니다. 거기에는 '방탕과 술 취하지 말며 음란과 호색하지 말며 쟁투와 시기하지 말고 오직 주 예수 그리스도로 옷 입고 정욕을 위하여 육신의 일을 도모하지 말라'는 말씀(롬 13:13-14)이 기록되어 있었습니다. 그 이상은 읽고픈 마음도 들지 않았고, 더 읽을 필요가 없었습니다.(Confessiones, VIII.12.,29)

결정적인 순간이었습니다. 마침내 아우구스티누스는 기독교의 진리를 자신의 인생 진리로 삼았으며, '회심'할 수 있었습니다. 그가 성경을 읽고 그 안에서 진리를 발견했을 때, 탐욕에 휩쓸려 쉬지 못했던 마음이 쉴 수 있는 길을 찾은 셈입니다. 카시치아쿰에서의 리트릿, 특히 독서와 대화, 그리고 명상과 집필이 아우구스티누스의 삶을 바꾸어 놓았다고 하겠습니다. 이것이 쉼의 위력입니다. 회복과 변화의 길을 찾았다는 점에서 카시치아쿰에서의 독서와 대화를 통한 쉼은 오늘의 우리에게 시사하는 것들이 적지 않습니다.

아우구스티누스가 회심하게 된 결정적인 사건은 그의 가치관과 인생관, 그리고 세계관을 근본적으로 바로 세우는 계기였습니다. 아우구스티누스의 카시치아쿰 휴가는 쉼을 은혜 회복의 기회로 바르게 활용한 것이라고 평가할 수 있겠습니다. 죄책, 자책, 회한, 그리고 분노 등 여러 현상들을 근원적으로 해소하는 답을 찾을 수 있었습니다.

한 가지 더 중요한 것이 있습니다. 카시치아쿰에서의 쉼을 계기로 삼아 아우구스티누스는 기독교에로의 회심을 통해 그의 역사관, 가치관, 세계관을 전환합니다. 회심 이전의 가치관으로부터의 전환이라고 할 수 있겠습니다. 혹은 또 다른 세계에 대한 인식을 갖게 되었다고 말하는 편이 나을지도 모르겠군요. 영원한 안식을 향한 비전을 얻었다는 점이 바로 그것입니다.

이쯤에서 '시간'과 '영원'에 대한 아우구스티누스의 구분을 떠올려야 할 것 같습니다. 아우구스티누스의 인문학에서, 내적 성찰의 특성에 유의할 필요가 있습니다. 그는 고대철학자들이 씨름하던 문제의식을 계승하여 내성법적 해답을 내놓았습니다. 그중 하나가 시간에 대한 질문입니다. 『고백록』에서 아우구스티누스는 질문합니다. '시간이란 무엇인가? 누가 묻기 전에는 잘 알고 있는 것 같지만, 막상 질문을 받으면 답하기 어려운' 이 문제(Confessiones, XI.14.17), 시간에 대한 성찰에서 아우구스티누스의 관점은 무척이나 중요합니다.

아리스토텔레스가 시간을 물체의 운동량에 견주어 설명했던 것과 달리, 아우구스티누스는 시간을 인간 내면의 요소로 설명합니다. 시간이란 의식의 팽창으로, 과거는 기억으로, 현재는 직관으로, 그리고 미래는 기대로 작용합니다. 더 중요한 것은 이처럼 시간을 내적 요소로 설명한 것에 더하여, 시간의 한계를 말했다는 점이지요. 아우구스티누스가 보기에 시간은 영원과 구분해야 합니다. 시간이 한시적인 영역에 해당하는 것이라면, 영원은 시간을 넘어선 초월의 영역이요 하나님께 해당합니다.

시간과 영원에 대한 구분은 쉼의 문제에 그대로 적용됩니다. 예를 들어, 카시치아쿰에서의 쉼이 의미 있는 것임은 분명하지만, 그것은 영원하지 않습니다. 한시적이며 현재적입니다. 그 자체로 의미가 있지만, 그것은 완성된 형태가 아니라 잠정적인 것이고 그림자와도 같은 것이라 하겠습니다. 쉼의 완성에 비해 볼 때 말입니다. 쉼은 영원한 하나님의 도성에서 완성될 것입니다. '안식'이라고 할 수 있겠지요. 아우구스티누스의 또 다른 대작, 『신국론』에 이런 구절이 나옵니다.

그때는 쉬면서 보게 되리라. 보면서 사랑하게 되리라. 사랑하면서 찬
양하게 되리라. 마지막은 이러하리라. 끝이 없는 마지막! 우리의 마
지막이란 끝없는 나라에 도달하는 것이 아니고 무엇이겠는가?(De
civitate Dei, X X Ⅱ 30,5)

이것은 시간과 영원의 구분을 통해 현재의 쉼과 영원한 안식을
나누고, 쉼의 잠정적인 형태와 완성된 형태를 말해 주는 것이라 하
겠습니다. 아우구스티누스의 카시치아쿰에서의 쉼은 진리를 향한
결단을 이끌어 낸 중요한 쉼이었다는 사실은 분명합니다. 무척이
나 중요한 일이고 거의 완벽에 가까워 보입니다.

하지만 그것으로 완성이라고 말하기는 어렵습니다. 현재적 쉼
은 영원한 안식 안에서 조명되어야 합니다. 현재적 쉼을 통해 영원
한 안식을 내다볼 수 있어야 하며, 영원한 안식의 비전을 통해 현
재적 쉼을 쉼답게 누릴 수 있을 것이라는 뜻입니다. 이것 또한 쉼
의 인문학이 주는 통찰이라 하겠습니다.

항상 나를 기억해 줄
사랑하는 사람들을 위한
일상 속 휴식처

부활소망가든

선한 일을 행한 자는 생명의 부활로,
악한 일을 행한 자는 심판의 부활로 나오리라
요 5:29

Cassiciacum
Today

III

Cassiciacum
Today

현대인에게도 '카시치아쿰'을

쉼에 대한 갈망은 인류의 보편적 속성에 해당한다는 점을 쉼의 인문학을 통해 정리할 수 있었습니다. 시대를 초월하는 주제인 셈입니다. 아우구스티누스의 시대를 넘어 현대인에게도 여전히 쉼은 필요합니다. 그것도 쉼다운 쉼이 절실합니다. 쉬면서도 쉬지 못하는 외형적인 쉼을 넘어서 진정한 회복을 얻는 쉼이 필요합니다. 인간이란 쉼을 필요로 하는 존재이기 때문입니다.

쉼이 현대인에게 유독 더 절실해 보이는 이유는 무엇일까요?

과거에 비해 쉼을 위한 제도와 여건이 훨씬 더 나아졌을 것 같은데 말입니다. 아마도 우리들 자신이 현대인이기 때문일 것 같습니다. 과거의 사람들보다 현대인이 더 스트레스를 많이 받고 더 많이 쉬지 못하고 있다는 어설픈 동지 의식이 발동한 것이라고나 할까요? 과거의 쉼을 생각하면 엄살을 피는 것일지 모르지만, 현대인에게는 현대인 고유의 아픔이 있고 쉼을 위한 절절함이 있다고 믿고 싶은 셈이지요.

한동안 '웰빙'이 유행하더니 '힐링' 바람도 시들해지고 있는 것 같습니다. 관련 산업계의 영업을 위해서는 테마가 바뀌는 것도 좋겠지만, 어쨌든 힐링이 아직은 대세인 것만큼은 부정하기 어려워 보입니다. 한 가지 이런 생각도 듭니다. 현대인 모두에게 힐링이 절실한 것은 사실이지만, 힐링이라는 표현이 넘쳐나는 문화적 현실을 보면 도대체 힐링을 해 주는 사람은 누구일까 싶네요. 여기저기 너도나도 힐링받아야 할 사람들만 있는 것 같아서요.

현대인에게 카시치아쿰이 필요하다는 말씀을 드리고 싶은 것입니다. 혹은 현대인에게 카시치아쿰을 꿈꾸게 해야 할 것 같습니다. 저를 포함해서 모두에게 카시치아쿰이 절실하다는 뜻입니다. 진정한 쉼을 위한 여유, 쉼을 쉼답게 하는 자리, 그리고 쉼을 통한 힐링이 있는 곳이 필요해 보입니다. 아우구스티누스에게 카시치아쿰의 쉼이 있었던 것처럼 말입니다.

영원한 안식, 현재적 쉼을 통하여

현대인에게 필요한 카시치아쿰은 무엇일까요? 쉼의 인문학이 그 첫걸음입니다. 쉼에 대한 인문학적 성찰이 가장 중요한 요소라는 뜻입니다. 쉼이란 인간의 고유한 속성이며 일과 휴테크를 넘어서는 깊은 의미가 있음을 인식해야 하겠습니다. 현대인이 쉼을 쉼답게 누리기 위해서 결코 놓치지 말아야 할 부분입니다.

나아가 쉼다운 쉼을 위해서는 무엇보다도 마음이 쉴 수 있어야 함을 기억하는 것이 좋겠습니다. 탐욕으로부터, 죄로부터 벗어나 진리의 길을 성찰할 수 있어야 한다는 뜻입니다. 아우구스티누스가 보여 준 쉼의 인문학에서처럼 말입니다. 이러한 노력을 통해 현대인의 쉼을 더욱 의미 있게 만들 수 있을 것으로 기대됩니다. 어쩌다가 얻은 휴가를, 혹은 요즘 말로 '100년 만에' 얻은 휴가를 의미 있게 보낼 수 있는 다양한 방법들 중에서 카시치아쿰의 쉼을 생각해 보자는 뜻입니다.

있는 곳 자체가 쉼의 자리가 되게 할 수만 있다면, 그것보다 더 좋은 것이 없겠지만 쉽지 않은 일이지요. 거의 불가능한 것일지 모르겠습니다. 그래서 그 대안으로 생각한 것이 'Cassiciacum Today'입니다. 쉼에 의미를 부여할 수 있는 계기가 필요하다는 뜻이 되겠습니다.

아우구스티누스가 성경을 읽고 동료들과 대화하며 진리를 묵상하던 현재적 쉼의 자리, 카시치아쿰이 우리에게도 필요해 보입니다. 그곳에서 영원한 안식을 바라보는 내적 성찰을 통해 쉼의 본질을 구현할 수 있다면, 그것이야말로 현대인을 위한 진정한 힐링이지 않을까 싶습니다.

끝이 아닌
새로운 시작

어둠에서
빛으로

부활소망안식처
봉안당

주시는 자 안에서 내가
어 없느니라

- 빌 4:13

곽 선 회

믿음으로 의롭다 하심을
주 예수 그리스도로
님과 화평을 누리자

- 롬 5:1

곽 요 셉

산 자와
죽은 자를
하나로
이어주는 곳

에덴낙원

예수께서 가라사대 내가 곧 길이요 진리요 생명이니
요 14:6

에덴낙원 이야기

쉼의 인문학을 위하여, '영원한 안식 안에 있는 현재적 쉼'을 추구하는
에덴낙원 메모리얼 리조트에 관한 내용을 담은 필자의블로그 글을 모았습니다.
현대적 의미의 '카시치아쿰'에 가까운 케이스로
적극 추천하는 마음을 담았습니다.

"수고하고 무거운 짐 진 자들아 다 내게로 오라
내가 너희를 쉬게 하리라"(마 11:28).

한 편의 보여주는 설교, '에덴낙원'

선물 같은 쉼

쉼의 인문학, 특히 기독교 인문학에 기초한 아우구스티누스의 성찰에 주목했던 이유는 분명합니다. 쉼 혹은 안식에 대한 성찰에서 아우구스티누스의 것이 절대적이라는 뜻은 아니지만, 쉼의 문제를 영원의 관점에서 조망하게 해 주었다는 사실이 중요합니다. 그것이 쉼의 바른 이해를 위해 중요한 단초가 된다는 이유에서 아우구스티누스의 관점을 집중적으로 살펴본 것이라 하겠습니다.

쉼 혹은 안식에 대한 성찰은 다방면에서 여러 의견들을 찾아 볼수 있습니다. 형식상의 안식 혹은 휴가라는 이름의 안식과 내면의 안식 혹은 영혼의 안식에 대한 구분도 쉼의 인문학에서 배울 수 있는 요소들입니다. 하지만 쉼의 인문학은 안식에 관한 신학을 예비하는 단계 쯤 되겠습니다.

특히 신학 안에서 안식에 대한 성찰은 성경을 근간으로 하여 다양한 논의로 이어지고 있습니다. 시간의 안식과 공간의 안식, 영원한 안식과 현재적 안식에 이르기까지 무척이나 다양하고 깊이가 있는 이야기들이 신학 안에서 펼쳐지고 있습니다. 창조 사역 후에 하나님께서 안식하셨으며, 그 안식을 우리에게도 허락하시고 요청하시는 부분이 십계명에 잘 나타나 있지요. 안식일 개념도 그렇고 안식일 준수에 관한 계율들 또한 안식의 중요성을 부각시켜주는 요소들이라 하겠습니다.

제가 보기에, 쉼에 대한 신학에서 무엇보다 중요한 것은 은혜와의 연관성 아닐까 싶습니다. 깊이 들어갈 필요도 없이, 쉼이란 주께서 은혜로 주시는 선물입니다. '선물로서의 쉼' 혹은 '선물 같은 쉼'이라고 말하는 데는 이유가 있습니다. 내가 쉼을 갈망하더라도 쉬지 못하게 하는 안과 밖의 여러 요인들을 이겨낼 힘이 스스로에게서 나오는 것은 아니라는 점을 우리는 자주 경험하며 살아갑니다.

아무리 좋은 환경에서도, 그의 마음이 심란하고 악몽과도 같은 과거의 일들에 마음이 저당 잡혀 있다면 그는 아마도 쉴 수 없을 겁니다. 분노, 배신감, 좌절, 멜랑콜리, 그리고 화를 치밀게 하는 모든 것들로부터 자유를 누릴 수 있어야 쉼에 다가설 수 있기 때문입니다. 그것은 초월적 내공을 가진 분들의 경우에서도 결코 쉽지 않을 겁니다. 쉼을 주시는 하나님의 은혜가 있어야만 누릴 수 있다는 이야기입니다.

쉼을 위한 에덴낙원의 '리트릿'

선물로서의 쉼에 관한 이야기를 풀어내기 위해, 아우구스티누스가 보여 준 쉼의 인문학에서 중요한 케이스 스터디가 있었다는 점을 기억하면 좋겠습니다. '카시치아쿰'에서 그의 동료들과 지낸 기간을 '리트릿'(retreat)이라고 말해도 좋을 듯합니다. 퇴수(退修) 혹은 피정(避靜)이라는 용어로 번역하기도 합니다만, 보편적이지 않은 표현들이라서 약간의 불편함도 있습니다.

'퇴수'라는 말을 쓰면, 대학의 교수들에게 가장 적합하겠지요. 한 학기의 강의를 마치고 자기성찰과 연구를 통해 충전한다는 뜻에서 말입니다. '피정'이라는 말은 주로 가톨릭에서 사용해왔던 전통인 동시에 수도원을 통한 영성수련의 과정을 포함하고 있다는 점에서 일반적이지는 않지요.

차라리, '리트릿'이라고 영어 단어를 그대로 말하는 것이 좋아 보입니다. 쉼에 관한 여러 이야기들을 담아낼 수 있다는 점에서 말입니다. 쉼을 위한 자리에서, 쉼을 누리기 위한 독서와 명상과 토론과 경건의 시간을 모두 아우를 수 있기 때문입니다. 무엇보다도 영원한 안식을 바라보며 현재적 쉼을 누릴 수 있는 계기가 필요하다는 점에서 다른 용어보다는 적합성이 있어 보입니다.

아우구스티누스의 경우에 '카시치아쿰'에서의 리트릿이 중요한 케이스 스터디의 대상일 수 있겠습니다. 그가 어머니 모니카와 아들 아데오다투스, 그리고 동료와 제자들 몇을 모아 함께 명상하고 토론하며 영원한 진리에 대한 성찰을 진행하였다는 점에서 그렇습니다. 무엇보다도 그가 밀라노 근교의 이곳에서 결정적으로 회심했다는 사실에 주목해야 합니다. 리트릿을 통해 진리를 발견하고 삶의 방향을 전환하는 결단에 이르게 된 셈입니다.

'카시치아쿰'에 비견될 현대적 리트릿의 케이스를 소개하고 싶습니다. '에덴낙원'이라고 약칭하는 'Eden Paradise Memorial Resort'가 그곳입니다. 부록에 모아둔 블로그의 글들은 에덴낙원의 특징을 요약해 주는 효과가 있습니다. 영원한 안식을 위한 부활소망안식처와 부활소망가든을 포함한 '부활교회', 그리고 흙에서 와서 흙으로 돌아가는 진리를 깨닫도록 이끌어 주는 쉼의 공간으로서의 '에덴리조트'가 함께 어우러져 있다는 점이 가장 큰 특징이요 장점이라고 하겠습니다.

쉼을 누리게 하는, 한 편의 보여 주는 설교

에덴낙원은 그 설립자의 표현대로, '한 편의 보여 주는 설교'라고 할 수 있겠습니다. 쉼을 위한 격조 높은 시설과 장치들이 치밀하게 계획되고 품격 있게 준비되어 있기 때문입니다. 다른 말로 하자면, 시작부터 시공에 이르는 모든 과정에 하나님의 은혜가 개입되어 이끌어 주신 결과물이 오늘의 에덴낙원이라고 할 수 있겠습니다.

우선, 부활소망의 신앙에 근거한 영원한 안식을 우리는 부활교회에서 경험할 수 있습니다. 카타콤의 신앙인들이 교회에서 예배하고 교회 안에 장묘되었던 것처럼, 부활교회에는 납골시설인 부활소망안식처와 산골(유수식 자연장)을 위한 부활소망가든이 거룩한 의미와 긍휼의 분위기에 가득하게 담겨 있습니다. '긍휼의 손'이라는 작품은 우리의 인생을 긍휼히 보시고 영원한 안식에 받아 주시는 예수 그리스도의 긍휼을 충분하고도 깊이 있게 표현해 내고 있습니다.

그리고 리조트 시설을 통해 영원한 안식에 대한 깊은 명상과 쉼을 통한 리트릿의 기능이 충만하게 이루어질 것으로 기대됩니다. 흙에서 와서 흙으로 돌아가는 성경적 진리를 따라, 흙에서 나온 것들에 셰프의 재능을 담은 풍미 가득한 음식으로 원기를 돋우는 레스토랑, 자기도 모르게 힐링되는 느낌을 주는 카페, 그리고 진리의 명상을 통한 안식에 더없이 적합화된 라이브러리에 이르기까지, '완비'되어 있는 셈입니다.

넘겨짚지 말아야 할 것이 있습니다. '럭셔리'와 '격조 높음'은 같은 말이 아니라는 점, 깊이 생각해야 합니다. '럭셔리'는 호화스러움 그 자체를 상품으로 내세운 것이라고 할 수 있지요. 이와 달리 '격조 높음' 혹은 '품격 있음'이라는 표현은 '럭셔리'보다 훨씬 더 가치가 있습니다. 럭셔리하기는 하지만, 호화스러움에 치우쳐 품격이 없는 경우를 우리는 어렵지 않게 볼 수 있습니다. 화려하기는 해도 감동이 없는 경우가 꽤 많지요. 럭셔리와 가치 있음이 반드시 동일한 것은 아니라는 뜻입니다.

에덴낙원은 격조 높은 품격이 있습니다. 가치와 의미를 가진 것이라는 점에서 더욱 그렇습니다. 시설 하나하나에 의미가 담겨 있고 신학적 성찰이 반영되어 있습니다. 쉼을 위한 격조 높은 품격

EDEN PARADISE

을 이루고 있는 셈입니다. 부활교회와 리조트 사이의 유기적인 공간 배치는 에덴낙원이 무엇을 말하려 하는지를 직관적으로 알 수 있게 해 줍니다. 어떻게 보면 이 모든 시설은, 쉼이란 이런 것이며 이곳에 쉼이 있다는 설교를 종합적으로 대변해 주는 듯합니다. '한 편의 보여 주는 설교'인 셈입니다. 쉼에 관해서 말입니다.

특별히 아우구스티누스가 말했던 것처럼 하나님 안에서 쉬기 전까지 우리는 여전히 쉴 수 없는 존재임을 깨닫게 하며 영원한 안식을 향하여 나아가도록 오늘의 쉼을 누리게 해 준다는 점에 가장 큰 의미가 있다고 하겠습니다. 마음 깊은 곳에서 우러나는 내적 '아멘'이 그 어느 교회의 설교 시간에 들리는 회중의 반응보다도 더 크게 우리 영혼을 흔들어 놓을 것만 같습니다. 바로 그것을 선물하고 선물 받는 곳이 에덴낙원이리라 기대하며 추천합니다.

— 긍휼은 심판을 이기고(약 2:13)

웰다잉 시대,
죽음에 대한 복음적 내러티브를 회복해야

　최근 '웰다잉(well-dying)법'이 국회를 통과한 이후, '죽음의 준비' 라는 명분으로 상조서비스 마케팅으로까지 연계되고 있습니다. 안타까운 것은, 교회의 무관심입니다. '장례'는 예식서를 준수하면 되고 '장묘'는 유족들 의견에 맡기면 된다는 정도로만 생각하는 듯싶군요.

　'웰다잉'은 일종의 문화적 변화의 아이콘으로 이해되어야 합니다. 연명치료를 '선택'할 수 있게 했다는 사실이 중요합니다. 호스피스와 연명치료 중단에 대한 논란이 의료 및 법률의 문제를 넘어 죽음에 관한 인식 전환을 이끌고 있는 셈이지요. 웰다잉 시대에 교회는 '변화'를 읽어내야 합니다. 그리고 변화에 대한 인식을 바탕으로 '변혁'을 말해야 합니다. 복음적 변혁을 위한 책임적 자세가

필요하다는 뜻입니다. '장례문화'와 '장묘'의 문제도 간과할 수 없는 주제일 겁니다.

교회로서는 장묘문제에 가이드라인조차 없다고 말해야 할 듯 싶네요. 교회는 죽음에 관한 복음적 내러티브를 상실하고 있습니다. 유교적 장례와 관계에서, '장례는 타협하고 장묘는 포기했다'고 말해도 지나치지 않을 것 같습니다. 변화에 순응하거나 절박하지 않은 것이 문제라는 뜻입니다. 화장이 보편화된 정황에서, 일부에서는 화장에는 죽은 자에 대한 징벌과 저주의 뜻이 담겨 있다고 해석하는 경우도 있더군요.

성경해석의 문제를 말하려는 것이 아닙니다. 죽음에 대한 복음적 내러티브가 회복되어야 하건만, 절박감이 없어 보이는 것이 문제입니다. 관심이 있다고 해도, '복음적 내러티브를 가지고 있는가?'보다 '새로운 혹은 또 다른 시설인가?'에 주목하는 경향을 보이고 있습니다. 새로운 디자인의 외관과 기능만 보려는 경향 말입니다. 사실, '가성비'(가격대비 성능)를 따지자면, 거대자본이 손을 대면 그것이 곧 기준이 되는 것과 다르지 않겠습니까?

크게 보면, 장묘문화 변혁은 종교개혁 500주년을 앞두고 있는 시점에서 교회의 윤리개혁을 위한 관심에 속합니다. 더구나 국가의 장묘정책 변화에 수동적으로 편승하는 차원을 넘어서야 하겠습니다. 장묘 변혁을 주도적으로 이끌어야 한다는 취지입니다. 개혁을 지향하는 변혁을 모색하기 위해 짚어볼 것이 있습니다.

어떤 기준과 방향으로 변혁을 말해야 할까요? 여러 의견이 있겠지만, 교회의 '정체성-공공성의 상호보완'을 통한 윤리개혁을 모색하는 길을 제시하고 싶습니다. 공공신학(public theology)에서 제시하는 '공공성' 구현과 교회 윤리(ecclesial ethics)가 제안하는 '정체성'이라는 두 과제를 상호보완하자는 제안입니다. 사실, 우리는 그동안 교회의 윤리적 변화를 말하면서도 교회 비판에 집중한 나머지, 교회가 해야 할 일을 제시하는 데 소홀히 해왔습니다. '정체성-공공성'을 교회의 윤리개혁의 기준으로 제안하는 것은 교회가 해야할 일을 제시하려는 시도라 하겠습니다.

이러한 기준을 따라 생각해 봅니다. 한국교회의 장묘문화는 정체성도 부족했고 공공성도 구현하지 못했습니다. 죽음의 내러티브를 '사사화'시켜 왔다고 하겠습니다. 죽음에 관한 복음적 내러티브 회복을 위하여 '에덴낙원 메모리얼 리조트'를 중심으로 '사례연구'(case study)를 시도해 보았습니다. 에덴낙원은 '구별'의 내러티브로 복음적 정체성을 보여 주고 있으며, 공공성은 '공유' 내러티브로 구현하고 있다고 하겠습니다. 한국교회에 창의적 대안 될 것으로 기대됩니다.

사실, 우리나라에 기독교적 장묘에 관한 시도가 없던 것 아니지요. 다만 내러티브가 분명하게 드러나지 못했다는 것이 안타까운 부분이었습니다. 이러한 아쉬움을 극복하기 위한 시도가 에덴낙원에 담겨 있는 것 같습니다. 신학적으로 에덴낙원에는 기독론적, 교회적, 그리고 선교적 기초가 구현되어 있습니다.

기독론적 기초란, 예수님의 장묘를 반영한 것으로 이해하면 됩니다. 예수님께서 초라한 말구유에 나셨고 십자가에서 죽으셨지만 예수님의 시신은 '부자 아리마대 요셉'의 새 무덤에 구별되어 안치되셨으며, 부활하시고 승천하셨습니다. 호화스러움보다 '구별'을 보여 준 사건이라 하겠습니다.

그리고 교회적 기초라는 말을 굳이 쓰는 것은 '개인적' 혹은 '사사화'(私事化, privatization)의 상대어이기 때문입니다. 성도의 장묘는 개인의 몫이라기보다 교회가 관심해야 할 일이요, 교회를 중심으로 접근해야 한다는 취지인 셈입니다.

선교적 기초는 '죽는 순간에도 복음의 증인이 되고자 하는 관심'입니다. 안티 기독교 시대에 '예수 믿고 죽어서 천당 간다는 확신'을 보여 주는 것은 큰 뜻이 있다고 하겠습니다. 장례와 장묘의 과정에서 부활소망의 복음을 전해 줄 수 있다면 얼마나 좋겠습니까? 이러한 세 가지 기초들은 앞서 말씀드린 윤리개혁의 기준과 방향 설정에서 첫 번째 요소인 복음적 정체성 회복과 연결됩니다.

에덴낙원에는 '부활교회'를 중심으로, 산골을 위한 '부활소망가든'과 납골시설인 '부활소망안식처'가 준비되어 있습니다. 디지털 시스템으로 고인의 기록을 검색할 수 있으며 고인을 추모하도록 '1분 동영상'을 제작하여 제공하는 배려도 잊지 않았더군요. 어떻게 보면, 부활소망의 장묘는 카타콤의 재현이라고 할 수 있을 것 같습니다. 박해받던 시기에 카타콤은 예배처소인 동시에 묘지였습니다. 카타콤의 신앙인들은 죽음을 멀리해야 하는 그 무엇이 아니라 부활소망의 복음 안에서 이해하고 있었습니다. 카타콤이 '박해받던 시대의 부활신앙'을 상징한다면, 에덴낙원은 '웰다잉 시대의 부활신앙'을 구체화한 것이라고 하겠습니다.

'기도하는 손'이라는 조형물이 있더군요. 긍휼의 은혜를 구하는 부활소망의 복음을 구현한 것이라고 느껴졌습니다. 성도로서의 일생을 긍휼히 여겨 주시고 하나님 품에 안식하도록 받아 주시기 소망하는 마음이 반영되어 있는 것 같습니다. 또한 가족 리조트가 함께 갖춰져 있네요. 다목적 취지일 듯싶군요. 특히 산 자와 죽은 자가 함께 하는 방식으로 대안을 제시한 것이라는 점에서 의의가 큽니다. 장례 후 묘지를 찾는 일은 연례행사쯤으로 간주되는 현실에서, 언제라도 찾아와서 함께하는 공간이 된다는 뜻을 생각하면 의미도 있고 창의적인 노력이 돋보이는 대안이 될 것 같다고 생각됩니다.

이처럼, 에덴낙원은 '구별'의 신학을 통해 장묘에 대한 일정한 의견조차 없는 교회를 이끌어 줄 대안이 되리라 기대됩니다. 예수 그리스도의 장묘가 구별되었던 것처럼, 성도의 장묘 역시 구별되어야 한다는 내러티브를 구현하고 있는 셈입니다. 죽어서까지 '끼리끼리 모이자'는 집단이기주의를 말하자는 것이 아니지요. 장묘와 관련하여 생각해보면 여러 종교예식이 빈번히 행해지는 과정, 서로에게 민폐일 것 같습니다. 불편할 뿐 아니라 구별이 필요해 보입니다. 이러한 구별을 통해 '교회 뜰에서' 고인의 삶과 부활의 복음을 묵상하게 하게 한다는 점은 큰 의의가 있겠습니다.

에덴낙원의 내러티브는 기독교윤리학자 스탠리 하우어워스를 응용하여 읽으면 더 분명하게 뒷받침할 수 있겠습니다. 2001년 Time지가 미국 최고의 신학자로 선정했던 인물이지요. '예수 내러티브'로서의 '복음'을 따라 사는 복음의 증인 되라는 것이 그의 요점이라고 하겠습니다. 하우어워스 글에 흥미로운 부분이 있더군요. 예수께서 십자가에 처형된 강도에게 '낙원'(paradise)에 있을 것이라고 하신 말씀이 인사치레가 아니라, 예수님과 함께 있는 곳이 낙원임을 알려 주신 것이라고 말하는 부분이 그렇습니다. '낙원에 대한 소망'으로서의 기독교적 관점을 보여 주는 부분일 듯싶네요. 부활소망의 내러티브가 죽음에 대한 복음적 정체성이 되는 셈입니다.

이렇게 보면 에덴낙원 내러티브의 핵심은 복음의 증인됨이라고 하겠습니다. 하우어워스가 보기에 우리시대의 교회는 혼란에 빠져 있으며 혼란은 십자가에 못박힌 교회(cross-shattered church)가 되지 못한 데서 기인합니다. 정체성을 지키는 노력이 필요하다는 뜻이지요. 이 점에서 에덴낙원은 십자가에 못박힌 교회가 되는 길을 보여 주는 것 같습니다. 복음적 구별을 구현하려 시도했다는 점에서 말입니다.

한 가지, 결코 놓쳐서는 안 되는 것 있습니다. 에덴낙원에는 복음적 정체성과 함께 공유의 공공성이 구현되고 있습니다. 특정한 교회의 특별한 아이템이 아니라, 공유한다는 점이 중요한 포인트입니다. 프린스턴 신학교에서 공공신학의 길을 제시한 스택하우스는 교회가 공공성을 구현해야 한다고 주장했지요. 공공성 개념과 연계될 여지가 있다는 뜻입니다. 한국교회는 개별적으로 묘지를 유지해 왔습니다. 그 결과 묘지문화 변혁을 주도하지 못하고 정책과 문화에 끌려 다니는 형태가 되고 있습니다. 이러한 부분을 극복하기 위해 에덴낙원은 공유의 개념을 통해 공공성을 구현하고 있습니다. 각 교회가 에덴낙원을 교회장지로 삼을 수 있다는 부분은 매우 매력적입니다. 회원교회 가입신청서를 작성해서 운영이사회의 결의에 따라 회원교회가 되고 예산 부담 없이 이용할 수 있다고 합니다. 에덴낙원이 공유를 추구한다는 것 자체가 교회의 공공성을 보여 주는 중요한 통로가 되리라 기대됩니다.

웰다잉 시대, 장묘문화의 기독교적 변혁은 종교개혁 500주년과 맞물려 복음적 내러티브를 구현해야 할 것입니다. 현재의 단계에서는 '구별의 공유'(sharing of differentiation)를 추구하는 것이라는 점에서 공공성을 구현할 수 있을 것 같습니다. 점차 확산되어 결과적으로 '구별된 공유'(differentiated sharing)로 나아갈 수 있기를 기대해 봅니다.

— 긍휼은 심판을 이기고(약 2:13)

낙원을
가불합니다

"그 이는 얼마 전, 갑자기 소천했습니다. 그 며칠 전에 운전하고 가는 길에, 평생 자랑스럽고 고마웠던 것과 미안했던 것들에 대해 서로 얘기를 나눴었는데, 본인의 성격처럼 그날의 업무를 다 마치고 소천 했습니다. … 부활교회에서 안장예배를 마치고 함께 나와 교회 앞에 서 밝은 미소의 얼굴로 사진을 찍는 가족들의 모습을 바라볼 때 천 국시민으로서의 크리스천 가정의 아름다움을 느낄 수 있었습니다."

아마도, 부활의 소망을 가진 사람들이기에 이렇게 말할 수 있을 겁니다. 슬픔을 이기고 천국에 대한 소망을 말할 수 있다는 것은 그 자체로 위대한 일입니다. 부활신앙을 가장 잘 보여 주는 이야기일 듯싶네요. 죽음으로 끝나는 것이 아니라 부활의 첫 열매가 되신 예 수 그리스도와 함께 부활할 것임을 확신하기 때문에, 성도는 소망의 사람일 수 있습니다. 부활소망의 사람으로 살아가는 것이지요.

예수께서 십자가에 달리실 때 말씀하셨지요. "오늘 네가 나와 함께 낙원에 있으리라"(눅 23:43). 처형당하는 죄수가 말했지요. "예수여 당신의 나라에 임하실 때에 나를 기억하소서." 주께서 주신 답은 "함께 낙원에 있으리라"는 것이었습니다. 하물며 일생을 복음 안에서 살아온 성도에게 낙원에서 함께하실 약속은 얼마나 확실하겠습니까? 그 소망 안에서 살고 있으며 죽음을 넘어서는 부활소망의 약속을 따라 살기에, 그리고 먼저 소천한 남편이 낙원에서 주님과 함께 있을 것이라는 소망을 가지고 있기에, 슬픈 이야기로서의 죽음을 낙원에 대한 소망으로 바꾸어 말할 수 있었을 겁니다.

에덴낙원을 생각하는 분들 모두에게 공통점이 있는 것 같습니다. '낙원을 가불(假拂)한 사람들'이라는 점입니다. 어차피 받게 될 급여의 일부를 미리 앞당겨 지불받는 경우를 '가불'이라고 하지요. 지금은 이 제도가 주목을 받지 못하고 있지만, 천국에 관한 복음적 비전을 말하는 데 긴요하게 사용될 수 있는 개념입니다. 독일의 어느 신학자가 말한 것처럼, 천국을 '미리 맛보는' 종말론적 신앙을 뜻하는 개념이지요. 에덴낙원을 말하는 그리스도인들의 모습에 '낙원을 가불한 사람들'의 이미지가 담겨 있는 것 같네요.

— 긍휼은 심판을 이기고(약 2:13)

'가족됨'(being family)의
복음

　가족이 믿음 안에서 하나 되는 것처럼 아름다운 일도 없지요. 믿음을 지키기 어려운 시대에, 가족 모두가 믿음으로 하나 된다는 것이 쉽지는 않지만, 복음이 가족 구성원들을 하나로 이어 주는 요소가 된다면 얼마나 좋을까요? 함께 예배하고 복음 안에서 서로를 격려하는 믿음의 가정들이 많아졌으면 좋겠습니다.

　에덴낙원 이야기에서 빼놓을 수 없는 것이 가족공동체의 회복이라는 점, 알고 계신가요? 장례와 장묘는 흩어졌던 가족들을 모이게 하는 기회이자 가족의 동질성을 확인할 통로이지요. 전통사회에서 가족묘가 조성되고 선산을 가진다는 것 역시 가족공동체를 대변하는 상징이었습니다. 가정이 복음 안에서 하나 되고 부활소망의 신앙으로 모일 수 있다면, '가족됨'(being family)의 복음이라고 말해도 좋겠습니다.

"에덴낙원 소식을 듣고 한 걸음에 달려왔지요. 처음엔 자녀 넷이 다
외국에 나가 부부단 한 개만 할 생각이었습니다. 큰 아들이 잠시 방
문한 길에 에덴낙원을 보여 주었는데 아들도 좋다고 하더군요. 자녀
들 것도 함께 준비하여 가족단으로 하면 좋겠다는 생각이 들었습니
다. 해외에 흩어져 살기는 하지만, 한국에 들어왔을 때 마음의 고향
같은 장소가 있어서 좋겠다는 생각이 듭니다. 얼마 지나지 않아 미
국에서 공부하는 대학생 장손이 연락을 해 왔네요. 할아버지 할머
니 부모님이 정하신 곳에 자기도 하면 어떠냐고… 기특하게 여겨져
서, 건축 헌금하는 마음으로 우리 손자들 이름으로도 준비했습니다.
손녀까지 자기도 가족으로 넣어 달라는 말에, 우리 가족단의 모습은
십자가 모양이 되었네요. 자녀들에게 좋은 선물을 준 것 같아 행복
합니다."

이 이야기를 통해, 에덴낙원이 줄 수 있는 의미와 가치 중에 '공
동체성'에 대해서도 조명할 필요가 있어 보이는군요. 가족화해 혹
은 해체의 시대를 위한 대안으로 가족공동체의 회복을 말할 수 있
게 한다는 점에서 에덴낙원의 의의가 커 보입니다. 가족됨의 본질

과 능력이 부활소망의 복음에 있다는 사실을 깨닫게 해 준다는 점에서 더욱 그렇습니다.

에덴낙원에 가족호텔이 준비된 이유를 풀어낼 수 있겠습니다. 가족공동체의 회복과 성숙에서 찾을 수 있다는 뜻입니다. 명절에나 잠깐 성묘하는 단계를 넘어서 가족이 함께 고인을 기억할 공간이 포근하고 편리하게 마련되었다는 점은 결코 우연이 아닐 듯싶네요. 복음 안에서 가족공동체의 회복을 추구할 수 있게 한다는 점에서 말입니다.

— 긍휼은 심판을 이기고(약 2:13)

너희는 내가 사로잡
평안을 구하고 그를
기도하라 이는 그
너희도 평안할 것

어둠에서 빛으로,
밝은 장묘의 윤리

빛과 어둠, 정말 중요하고도 오래된 이슈입니다. 이것처럼 다방면에 적용되는 경우도 드물지요. 빛과 어둠 사이는 '이원론' 혹은 '이분법'이라는 어려운 개념으로 설명되기도 하지만, 소소한 일상의 이야기에도 적용할 수 있지요. 우리가 마주하는 현실이 어둠에 지배되고 있음의 반증인 듯싶네요. 방향은 분명합니다. 어둠을 이기고 빛으로 나아가야 한다는 점에서, 빛과 어둠의 이야기에는 '윤리'가 담겨 있는 것 같습니다. 마땅히 지향해야 할 '당위'(sollen)를 말하고 있다는 점에서 말입니다.

죽음과 장묘에 관해서도 다르지 않습니다. 영어 표현에 'man is mortal'이라는 말이 있듯이, 죽음은 누구도 예외일 수 없습니다. 장례와 장묘 또한 다르지 않지요. 그리워하고 추모하는 마음이야 다를 것 없겠지만, 묘지는 멀리 떨어져 있고 '마음먹고' 나서야 갈 수 있는 곳이기 쉽지요. 일정한 '때'가 되어야만 추모 길에 오르게 되는 현실은 어딘지 모를 아쉬움을 남겨 줍니다. 산 자와 죽은 자를 이어 주는 밝은 빛이 필요합니다.

게다가 상업화된 장례와 장묘의 현실은 마음을 더 아프게 합니다. '가시는 분'에 대한 안타까움을 돈벌이에 이용하는 뉴스를 볼 때, 아쉽고 답답해집니다. 상조 회사에 부도가 나서 합병이 되곤 하는 과정에서 피해자가 생기는 경우들을 생각하면 답답한 마음이 더 커집니다. 우리 가족이 그 일의 피해자가 될 수 있다는 불안감까지 더해집니다. 이 또한 '어둠'이라고 해야 하지 않을까요?

'어둠에서 빛으로, 밝은 장묘의 윤리'가 필요하다는 이야기를 하고 싶은 셈입니다. 무엇보다도, 죽음에 대한 인식과 장묘에 대한 관점을 어둠에서 빛으로 바꾸는 노력이 필요해 보입니다. 그것은 일종의 당위가 된다는 점에서, '윤리'문제라고 말해도 지나치지 않을 듯싶네요. 윤리학자가 장묘전문가인 것은 아니지만, 윤리학자로서 밝은 장묘에 대한 이야기를 풀어내는 데에는 나름의 이유가 있습니다. 죽음에 대한 인식과 장묘에 대한 접근에서 어둠을 극복하고 밝은 빛을 향하여 나아가야 한다는 '당위'에 관한 이야기이기 때문입니다.

소크라테스가 말했다고 하지요? '삶은 죽음의 연습'이라는 문장 말입니다. 살아가는 과정에서 죽음을 인식하는 자는 진정성을 가질 수 있을 것 같습니다. 이러한 뜻에서, '에덴낙원'의 철학과 가치를 음미할 필요가 있습니다. 윤리학자가 보기에 죽음과 장묘에 관한 성찰에서 빛을 지향하는 '윤리'를 담아내고 있기 때문입니다. 어둠의 문화를 밝은 빛을 향하여 나아가도록 이끌어 줄 것으로 기대됩니다. 현대사회에서 잃어버리기 쉬운 가족의 소중함과 가치를 회복시켜 줄 기회가 될 것으로 기대됩니다.

— 긍휼은 심판을 이기고(약 2:13)

부활소망의 장묘,
'옵션'일 수 없다

'고학력일수록 내세와 천국에 대한 신앙이 회의적인' 결과가 나왔다고 했던 기사를 읽었던 기억이 납니다. 그리스도인이라고 하면서도 천국에 대한 부분에서는 선택적인 태도를 가지고 있다는 뜻이라면, 안타까운 일입니다. 신학자들이 실존주의와 신앙을 연관지어 '비신화화'를 말하면서 실존적 의미에만 집착하던 때가 있었던 것과도 무관하지 않을 것 같습니다. 군이 그들의 신학에 대한 논란을 다시 끄집어내려는 것은 아닙니다. 내세와 천국에 대한 복음, 그리고 부활소망의 신앙은 선택 대상일 수 없다는 뜻입니다.

제가 드리고 싶은 이야기가 어떤 것일지 대충은 짐작하셨을 겁

니다. 자동차 살 때 '옵션'을 적용하기라도 하듯, 신앙에서조차 옵션을 거는 태도는 심각한 문제가 있다는 이야기입니다. 옵션을 '선택사양'이라고도 번역하더군요. 자동차를 사는 경우에는 각자의 기호와 형편에 따라 '옵션'을 걸어야 하겠지만, 자유로운 선택의 권리를 신앙에까지 적용하려는 생각 자체가 큰 문제라고 하겠습니다. 천국에 대해, 부활에 대해, 그리고 부활소망의 장묘와 장례에 대해 복음적 신앙고백이 더욱 절실한 이유이기도 합니다.

최근에 '에덴낙원'에 관심을 크게 가지고 있습니다. 경기도 이천에 자리한 에덴낙원은 부활소망의 신앙을 구체화시키고 성도로서의 구별된 장묘를 실천하기 위한 소중한 시도임에 틀림없습니다. 아쉬운 것은 성도들의 반응입니다. 정말 중요한 것임에도 불구하고, 그 중요성을 충분히 절감하지 못하고 있는 것 같습니다. 어쩌면 부활신앙과 부활소망의 장묘를 '옵션'처럼 생각한 탓은 아닐지 생각해 봅니다. 마치 고학력일수록 천국에 대한 신앙에 회의적이라고 했던 설문조사 결과처럼 말입니다.

부활신앙은 결코 옵션일 수 없다는 사실, 실존적 의미만 받아들이면 되는 것이 아니라는 사실, 그 점을 다시 한 번 강조하고 싶군요. 복음은 우리에게 성도의 삶에 천국에 대한 약속이 있음을 말해 주고 있으며, 부활소망의 신앙을 가져야 한다는 사실에 대해 '옵션'을 걸지 않기 때문입니다. 에덴낙원이 구현하는 부활소망의 복음을 깊이 생각해 보아야 할 때입니다. 부활절을 앞둔 사순절 기간에, 더욱 절실해집니다.

— 긍휼은 심판을 이기고(약 2:13)

준비하세요.
믿음 더욱 굳세도록

'이 믿음 더욱 굳세라!'는 찬송이 있지요. 가사를 생각해 보면 구구절절이 공감되는 내용들입니다. 세상 사는 동안 믿음을 한평생 이어갈 뿐 아니라, 더욱 굳센 믿음으로 성숙하여 어려움을 이겨내고 주의 뜻 이루어질 때까지 믿음 안에서 살아가는 것처럼 의미 있는 일이 또 있을까요? 그렇게 살았으면 좋겠습니다. 에덴낙원을 선택하신 분들의 이야기 중에, 이런 생각을 깊이 있게 만들어 주는 케이스가 있네요.

"나는 싱글이라서 후에 돌봐 줄 가족도 없다는 생각에, 묘지를 만들지 않겠다고만 생각해 왔었지요. 동생네 부부랑 어머니가 후원해서 이곳에 안식처를 준비해 놓았다고 듣고 별 마음 없이 방문했습니다.

어머니가 어린아이처럼 이곳이 내가 갈 곳이냐 하며 굉장히 좋아하
시고 가족으로 같이 나란히 준비할 수 있겠다고 기뻐하시는 모습을
볼 수 있었습니다."

이 분의 이야기에서, 준비한다는 것의 유익과 의의를 생각해 보
게 됩니다. 대부분의 경우 장묘에 대해서는 조금 미뤄두는 경향이
있지요. 옛날 어른들께서는 선산에 본인 묘 자리를 미리 준비하시
기도 하지만 요즘에는 별로 서두르지는 않는 것 같습니다. 부모님
을 위해서는 관심을 가지면서도 정작 자신의 경우에 대해서는 거
의 관심이 없는 듯싶군요.

정말 좋은 곳이라면 이야기가 달라지겠지요. 에덴낙원이 그런
곳인 것 같습니다. 복음적 정체성을 가진 곳, 혼합된 장묘에 대한
아쉬움을 떨쳐낼 수 있는 곳, 그리고 부활소망의 신앙을 구체화할
수 있는 곳이라는 점에서 에덴낙원이 지니고 있는 신학적이고 신
앙적인 의의는 너무도 충분하고 분명합니다. 무엇보다도, 선택할
기회가 한정되어 있다는 사실에 주목할 필요가 있겠습니다. 지금
준비해야 할 이유, 미뤄둬서는 안 되는 이유를 말씀드리고 싶은 셈
입니다.

서둘러서, '지금' 준비해야 할 이유가 또 있습니다. 신앙의 성숙

을 위해서입니다. 부활소망의 신앙을 구체화시켜 놓은 에덴낙원을 마음에 두고 관심하는 것 자체로도 의미가 크지만, 그곳의 멤버십을 가지게 되는 순간부터 더욱 구체적이고 더욱 성숙된 신앙을 향하여 나아갈 수 있을 것 같다는 뜻입니다. 에덴낙원이 추구하는 부활소망의 신앙 안에서 살아가는 모습을 발견할 수 있다면, 그것 자체로 큰 의미가 있어 보이니까요.

— 긍휼은 심판을 이기고(약 2:13)

–

《 아우구스티누스의 저작 》

Augustinus, Aurelius, Confessiones / 선한용 역, 『고백록』, 서울: 대한기독교
　서회, 2003.

＿＿＿ , De civitate Dei / 성염 역, 『신국론』, 왜관: 분도출판사, 2004.

라틴어 원전은 아우구스티누스 인터넷 아키브 http://www.augustinus.it를 참고했습니다.

《 2차 문헌 》

Harvey, John F., Moral theology of the confessions of Saint Augustine / 문
　시영 역, 『고백록, 윤리를 말하다』, 성남: 북코리아, 2011.

Fitzgerald, Allan D., ed., Augustine through the Ages. An Encyclopedia,
　Grand Rapids: Wm. B. Eerdman Pub, 1999.

문시영, 『아우구스티누스의 고백록 읽기』, 서울: 세창미디어, 2014.

＿＿＿ , '아우구스티누스의 안식사상,' 「논문집」, 남서울대학교, 2011.

＿＿＿ , '『고백록』 X권의 시점에서 본 탐욕과 윤리,' 「기독교사회윤리」34집,
　2013.

안연희, '섹스 앤 더 시티: 섹슈얼리티, 몸, 쾌락에 대한 아우구스티누스의 관
　점 다시 읽기,' 「종교문화비평」23권, 2013.